ブックレット 近代文化研究叢書 10

初代国会仮議事堂を復元する

堀 内 正 昭

目　次

はじめに　　　　　　　　　　　　　　　　　　　　　　　　　5
　註

第 1 章　描かれた初代仮議事堂　　　　　　　　　　　　　8
　1 － 1　着工前　　　　　　　　　　　　　　　　　　　　　9
　1 － 2　工事中　　　　　　　　　　　　　　　　　　　　　10
　1 － 3　竣工後　　　　　　　　　　　　　　　　　　　　　15
　結語　　　　　　　　　　　　　　　　　　　　　　　　　　16
　註

第 2 章　初代仮議事堂建設までの経緯　　　　　　　　　　18
　2 － 1　国会議事堂原案　　　　　　　　　　　　　　　　　18
　2 － 2　国会議事堂第 2 案（和洋折衷式）と仮議事堂第 1 案　　21
　2 － 3　アドルフ・シュテークミュラー　　　　　　　　　　22
　2 － 4　仮議事堂第 2 案と同変更案　　　　　　　　　　　　24
　2 － 5　竣工時の図面　　　　　　　　　　　　　　　　　　29
　2 － 6　増築の時期について　　　　　　　　　　　　　　　30
　結語　　　　　　　　　　　　　　　　　　　　　　　　　　33
　註

第 3 章　議場棟の復元　　　　　　　　　　　　　　　　　37
　3 － 1　議場内の写真ならびに絵画資料に見る小屋組　　　　37
　3 － 2　類例構法　　　　　　　　　　　　　　　　　　　　40
　3 － 3　ドイツにおける母屋組架構　　　　　　　　　　　　43
　3 － 4　ドイツにおける類例建築　　　　　　　　　　　　　45
　3 － 5　仮議事堂議場の小屋組　　　　　　　　　　　　　　46
　3 － 6　議場小屋組の復元　　　　　　　　　　　　　　　　48
　結語　　　　　　　　　　　　　　　　　　　　　　　　　　51
　註

第 4 章　中央棟八角塔の復元　　　　　　　　　　53
4 − 1　「丸屋根伏図」について　　　　　　　　53
4 − 2　丸屋根伏図の架構について　　　　　　　54
結語　　　　　　　　　　　　　　　　　　　　57

第 5 章　屋根葺き材ならびに外壁仕上げについて　58
5 − 1　屋根葺き材に関する日独の資料　　　　　59
5 − 2　ドイツにおけるルーフィング　　　　　　60
5 − 3　ドイツにおける施工例　　　　　　　　　61
5 − 4　屋根葺き材は何であったか　　　　　　　63
5 − 5　外壁仕上げについて　　　　　　　　　　63
結語　　　　　　　　　　　　　　　　　　　　64
註

第 6 章　屋根形状について　　　　　　　　　　66
6 − 1　依拠する平面図と写真　　　　　　　　　66
6 − 2　中央棟の屋根　　　　　　　　　　　　　66
6 − 3　議場棟　　　　　　　　　　　　　　　　67
結語　　　　　　　　　　　　　　　　　　　　71

おわりに　　　　　　　　　　　　　　　　　　73

図版出典　　　　　　　　　　　　　　　　　　75

凡例：文献の引用については原則として原文のままとしたが、漢字は新字体を用い、句読点は適宜補った。

はじめに

　今から10年前の平成16（2004）年3月のこと、初代国会仮議事堂の関連図面が古物市場に出された。それを購入した東京神田の古書店主から、筆者に当該図面の鑑定を依頼したい旨の電話があった。即日、大学の研究室から神田に向かった。〔　　　　〕撮影もコピーを取ることも許されなかったので、目の前〔　　　　　　〕し、間取りや部屋名称などを脳裏に焼き付けた。

　〔　　　　　〕も、鑑定を誰に依頼するかについて、日本建築学会図〔　　　　　〕いう。図書館側から、3人の研究者の名前が告げら〔　　　　　〕書籍を調べた結果、筆者が本件に一番近そうな人〔　　　　　〕った。

　〔　　　　　〕のお雇い建築家エンデ＆ベックマン』（井上書院）〔　　　　　〕とは、ドイツ人建築家ヘルマン・エンデとヴィ〔　　　　　〕彼らは1860年、ベルリンに開設した建築事〔　　　　　〕ベックマンと日本との関係は、明治政府が欧〔　　　　　〕てるために、彼らを招聘したことに始まる。〔　　　　　〕、翌20年にエンデがそれぞれ来日した。〔　　　　　〕じめとした諸官庁建築案を作成したが、〔　　　　　〕と裁判所（大審院あるいは東京裁判所と〔　　　　　〕は当初の計画通りには進まなかった。〔　　　　　〕1890）年11月に開催されることが決〔　　　　　〕建物の工期は数年から10年近くを〔　　　　　〕議事堂の設計を依頼したときは、〔　　　　　〕る。

　〔　　　　　〕堂が立つ永田町の敷地を確保しつつ、別に〔　　　　　〕きる木造に代え、差し迫った帝国議会の開〔　　　　　〕への変更案も、エンデ＆ベックマン建築事〔　　　　　〕産業省の立つ千代田区霞が関1丁目（旧麴町〔　　　　　〕戈するまでの建物として、仮議事堂と呼ぶ〔　　　　　〕

　前置きが長くな〔　　　　　〕究が神田の古書店主の

目に止まったのだった。

　さて、初代国会仮議事堂（以下、初代仮議事堂あるいは単に仮議事堂と称す）は、エンデ＆ベックマン建築事務所のアドルフ・シュテークミュラー（生没年不詳）と内務技師の吉井茂則（1857〜1930）によって設計され、明治21（1888）年6月に着工、明治23（1890）年11月に竣工した。しかし、わずか2ヵ月足らずで焼失してしまった。

　次の第2次仮議事堂の設計に当たったのは、吉井茂則とドイツ人技師のオットカー・チーツェ（1858〜1911）で、明治24年10月に再建された。この第2次仮議事堂は大正14（1925）年9月に焼失するまで使用され、同年12月に第3次仮議事堂が建てられた。この間、明治27（1894）年に、広島に臨時仮議事堂が建設されたので、昭和11（1936）年に完成した現在の国会議事堂は、議事堂としては5代目の建物となる。結果として、仮議事堂時代は初代から数えて46年間続いたことになり、仮というにはあまりにも長い時を刻んだ。

　初代仮議事堂について、現在の国会議事堂の建設に実質的に係った大熊喜邦（1877〜1952）は、「本議事堂の図面や展望図を初め、諸官衙の絵画は内務、大蔵両省に永らく保存されてゐたが、先年の大震火災で焼亡したのは明治建築資料として惜い事であつた」[1]と回顧している。

　建物自体の短命さに加えて図面も焼失したため、これまで仮議事堂については十分な研究がなされず、その意匠ならびに構法の両面において多くの謎が残された。初代仮議事堂関連図面の出現は、まさに大発見であった[2]。

　本研究は、わが国の国会議事堂の原型といえる初代仮議事堂を取り上げ、発見された平面図を手掛かりに、建物にまつわる様々な謎を解明することを目的としている[3]。そして、得られた成果に基づいて、初代仮議事堂の創建時の姿を復元できるところまで考察を進めていきたい。ひとつの建物を復元するには、間取りから、仕上げ材料、構造、構法に至るまで幅広く検証していかなければならない。筆者がとくに明らかにしたいのは、以下の諸点である。

・国会議事堂原案から初代仮議事堂創建までにどのような経緯があったのか。
・その際、発見された図面（平面図）から何が明らかになるのか。
・とくに大きな空間を必要とする議場ならびに中央棟階段室のあるホールは、どのような構法で造られたのか。

・外観の仕上げならびに屋根葺き材は何で、どのような屋根形状を持っていたのか。

　以上の問いかけは、本研究を構成する各章そのものとなる。初代仮議事堂にまつわる謎解きをするために、多くの関係資料を閲覧した。その過程で、初代仮議事堂を描いた色鮮やかな錦絵、銅版画、そして石版画を目にすることになり、やがて相応のコレクションができるまでになった。そこで本題に入る前に、これら絵画資料を紹介したい。

註
1) 大熊喜邦：「議事堂建築の概要」，『建築雑誌』第51輯第623号，1937.2, p.198
   これは大熊（当時大蔵省営繕管財局工務部長）が昭和11年12月9日に建築学会（現日本建築学会）で行った講演録である。
2) 初代国会仮議事堂関連図面は昭和女子大学が購入し、同大学図書館が貴重書として所蔵している。
3) これまで、初代国会仮議事堂に関して、筆者は以下の論文を発表した。本研究は、これらの成果に基づき、新たな知見を加えたものである。
   堀内正昭：「国会仮議事堂の図面の変遷史―わが国の国会仮議事堂に関する研究」，
   　日本建築学会計画系論文集　第604号, 2006.6, pp.191-196
   堀内正昭：「初代国会仮議事堂の小屋組について―わが国の国会仮議事堂に関する
   　研究　その2」，日本建築学会計画系論文集　第607号, 2006.9, pp.179-184
   堀内正昭：「初代国会仮議事堂（竣工1890年）の屋根葺き材について」，
   　2006年度日本建築学会大会学術講演梗概集, pp.433-434
   堀内正昭：「初代国会仮議事堂（竣工1890年）の屋根伏せについて」，
   　2006年度日本建築学会関東支部研究報告集, pp.429-432
   堀内正昭：「初代国会仮議事堂関連図面の発見とその構法について」，
   　2008年度日本建築学会大会学術講演梗概集, pp.195-196
   堀内正昭：「日本に影響を与えたドイツ人建築家たち」，『東京都江戸東京博物館研
   　究報告 第13号』所収, 2007.3, pp.81-119

第1章　描かれた初代仮議事堂

　初代仮議事堂を描いた絵画資料は、錦絵のほか、石版と銅版の技法によるものを含めて多数存在する。しかも、建物の着工前から描かれ始め、その中には、絵師の想像の産物としか表現のしようがないものも見られる。それぞれの絵師がどのようなイメージを抱いて描いたのかを分析することは、洋風建築への理解度を知る有効な方法となろう。しかし、本研究の目的は初代仮議事堂の真の姿に迫ることなので、ここでは最初に描かれた絵画から竣工後に描かれたものまで、その多様な姿を紹介するのに止めることとし、議場内を描いたものについては、関連する章において紹介する。

　初代仮議事堂の起工は明治21（1888）年6月21日、その竣工は明治23年11月24日であり、翌24年1月20日に焼失した。竣工前、工事中、そして竣工後の時期を念頭に置いて絵画を見ていくが、実物と比較するために、まず創建時の初代仮議事堂の写真を掲載する（図Ⅰ-1）。

Ⅰ-1　初代国会仮議事堂・外観

　初代仮議事堂は2階建てで、中央棟ならびに両翼部が張り出している。壁面は写真ではわかりづらいが、板張りである。張り出した中央棟の1階を車寄せとし、両翼にある大きな切妻造りの屋根の下に議場が収まる。この吹抜けの議場には、採光のために正面切妻に3つの窓が、側面には計5つの窓が穿たれ、すべてアーチ形の開口をもつ。建物の前方には横長の煉瓦塀があり、この塀と中央棟の間には、やはり写真では判別しにくいが、円形の池泉が造られている。

1-1　着工前

　仮議事堂を描いた年代の早いものとして、「大日本帝国国会仮議事堂之図」がある（図Ⅰ-2）。これは井上探景（1864～1889）による大錦3枚続で、明治21年2月1日の版行であり、仮議事堂着工の4ヵ月余り前となる。

Ⅰ-2　大日本帝国国会仮議事堂之図（井上探景，大錦3枚続，明治21年2月1日版行）

　石張りの高い基壇には窓があるので、ここを1階と見なすと3階建ての本格的な煉瓦造建築を想定したような描き方である。この基壇を石張り、2階以上を化粧煉瓦で仕上げ、アーチ窓の上を迫石で飾ったり、窓と窓の間を石張りによる水平帯を巡らせたりと、実に細やかな意匠表現がなされている。

　中央棟には大きなアーチの玄関口が、両翼部にはオーダー柱を2層重ねた出入り口があり、基壇の高さまで裾広がりの大きな外階段が付く。

　この両翼部にある議場には入母屋造りの屋根が架かり、中央棟はさらに2層を重ね、その上に塔を頂く。そこには上下に千鳥破風が付き、天守閣を想起させるような堂々たる姿である。例えば第一国立銀行（1872年）のように、明治初期に流行した擬洋風の意匠に似ている。因みに後述することになるが、この探景の絵は、初代仮議事堂の原型ともいえるエンデ＆ベックマン建築事務所が設計した国会議事堂の和洋折衷案（1887年）にも通じるものがある（図Ⅱ-4）。なお、画面中央に「議事堂」、向かって右手に「上院」、左手に「下院」の文字が入る。

1－2　工事中

・「大日本帝国国会議事堂」（図Ⅰ－3）（梅寿国利 画　大錦3枚続：明治22年）（括弧内は、絵師、版型、版行年月、以下同じ）

Ⅰ－3　大日本帝国国会議事堂（梅寿国利，大錦3枚続，明治22年）

　明治22年という記載しかないが、仮議事堂の工事中に描かれている。松越しに見える車寄せのある中央玄関の屋根には時計塔が付く。この中央部は平屋で、その左右に廊下が伸び議場へとつながる。議場棟は切妻造りで、前方に大きく張り出している。地上から上は石張りのような基壇があり、1階にはすべて縦長の矩形窓が付く。屋根は瓦葺きのように見える。議場2階正面の3つのアーチ窓ならびに側面の5つの窓の配列、さらに議場棟の3本の突針状の棟飾りは、完成した仮議事堂と同じである。工事中とはいえ、何らかの情報を得ていた可能性がある。

・「大日本国会議事堂之図」（図Ⅰ－4）（梅寿国利 画　大錦3枚続：明治23年1月）

　仮議事堂着工1年半後の版行になるので、木造であることは実地検分すれば分かっていたはずであるが、中央棟ならびに議場とも総2階の煉瓦造のように見える。中央棟の屋根には時計塔であろうか、板張りの袴腰が描かれている。また、中央棟の玄関口には切妻造りの車寄せがある。

　開口部はすべてアーチ窓で、基壇ならびに建物のコーナー部分は石張りのような仕上げとなっている。なお、画面右奥に、小さいながら堂々とした煉瓦造建築が描かれている。その外部意匠から、御雇外国人カペレッティ（イタリア人）

Ⅰ-4　大日本国会議事堂之図（梅寿国利，大錦3枚続，明治23年1月）

によって明治12（1879）年頃に建てられた陸軍参謀本部に違いない。この陸軍参謀本部は現存しないが、現在の国会前庭洋式庭園に立っていて、初代仮議事堂との位置関係は合っている。かつては、この錦絵のように見えたのであろうか。

・「帝国議会仮議事堂之図」（図Ⅰ-5）（「読売新聞」第4532号附録　石版画：明治23年2月1日）

Ⅰ-5　帝国議会仮議事堂之図（「読売新聞」第4532号附録，明治23年2月1日）

梅寿国利(1847〜1899)による先の錦絵(図Ⅰ-4)と同じ時期のものであるが、新聞の附録という性格からか、遥かに正確な描写がなされている。中央部ならびに両翼部の形状、議場上方の窓の数、煙突、棟飾りに至るまで、創建時の特徴をよく捉えている。逆に、完成時の姿に近いことから、工事の進捗状況が窺えそうである。ただ、仮議事堂を囲んでいた塀はまだ描かれていない。

・「国会議事堂之図」(図Ⅰ-6)(東洲勝月 画　大錦3枚続：明治23年3月10日)

Ⅰ-6　国会議事堂之図 (東洲勝月，大錦3枚続，明治23年3月10日)

　かなり正確な情報が得られたにもかかわらず、東洲勝月(生没年不詳)によるこの絵は、図Ⅰ-4と同様に、煉瓦造を想定したように建物全体は茶色に塗られ、議場正面は煉瓦目地まで細かく描き込まれている。すべての開口部はアーチで、アーチ窓には迫石が付く。中央玄関は日章旗で部分的に隠されているが、唐破風のような反転曲線を持っていて、擬洋風建築によく見られた車寄せの意匠に似ている。

　この車寄せの前と、その背後の棟にあるポールには日章旗が翻り、中央棟ならびに翼部の切妻には菊花紋が付くなど、天皇臨席のもとでの開院式を想定した祝祭的な絵柄で、建物そのものは背景に後退していることから、正確さは求められなかったのであろう。

・「明治廿三年国会議事堂之図」(図Ⅰ-7)(楊斎延一 画　大錦3枚続：明治23年4月)
・「帝国議会貴顕行幸之図」(図Ⅰ-8)(楊斎延一 画　大錦3枚続：明治23年)

Ⅰ-7　明治廿三年国会議事堂之図（楊斎延一，大錦3枚続，明治23年4月）

Ⅰ-8　帝国議会貴顕行幸之図（楊斎延一，大錦3枚続，明治23年）

　2枚とも楊斎延一（1872～1944）による。1階と2階の開口部はアーチ窓であるが、中央棟ならびに両翼部の形状は実際の建物に似ている。何より、創建時と同じ板張り仕上げで描いていることは注目してよいであろう。
・「帝国国会議事堂之図」（図Ⅰ-9）（石版画：明治23年7月19日）
・「東京名所国会議事堂」（図Ⅰ-10）（石版画：明治23年10月16日印刷）
　仮議事堂竣工の4ヵ月前と1ヵ月前のもので、煉瓦塀まで描かれている。中央棟と両翼を結ぶ棟の窓割りが実際とは異なるものの、それ以外の形状は実際の建物に酷似している。

Ⅰ－9　帝国国会議事堂之図（明治23年7月19日）

Ⅰ－10　東京名所国会議事堂（明治23年10月16日印刷）

また図Ⅰ－10には、円形の池泉がはっきりと描かれている。

1－3 竣工後

・「東京府下糀町区幸町国会議事堂之光景」（図Ⅰ－11）（梅寿国利 画 大錦3枚続：明治23年）

Ⅰ－11 東京府下糀町区幸町国会議事堂之光景（梅寿国利，大錦3枚続，明治23年）

　明治23年の記載しかないので、竣工後の版行かどうかは不明である。実際と比べると、窓の数は異なるが、その形ならびに煙突の設置場所はほぼ同じであり、竣工した外観と酷似している。これまで見てきた錦絵の中では最も実情に近い。

・「東京名勝大日本国会議事堂之図」（図Ⅰ－12）（永島春暁 画 竪大錦：明治24年）

　明治24年1月の焼失前か後かは不明であるが、その形状から初代仮議事堂であることは間違いない。中央棟から張り出した車寄せの2階が屋根付きのベランダになっているところは実際と異なるが、窓の形状と配列は酷似している。

Ⅰ－12 東京名勝大日本国会議事堂之図
（永島春暁，竪大錦，明治24年）

・「帝国議事堂炎上之図」（図Ⅰ－13）（小林清親 画　大錦 3 枚続：明治24年）

Ⅰ－13　帝国議事堂炎上之図（小林清親，大錦 3 枚続，明治24年）

　仮議事堂は、明治24(1891)年 1 月20日の午前 0 時40分頃に出火したとされる。小林清親（1847～1915）は、その炎上する仮議事堂の最後の姿を生々しく描いている。向かって左手、衆議院議場が激しく燃え上がり、議場小屋組の骨組が見えている。梁の上に真束ならびに斜め方向に方杖が描かれ、洋小屋らしい骨組の一部が認められる。

結　語
　初代仮議事堂は、早くも着工以前から描かれ、工事中にもかかわらず、錦絵や石版画として版行された。絵の中には、工事中とはいえ、現状を無視した絵師の想像上のものもあったが、この工期中に集中的に描き続けられた結果、多数の絵画資料が今に残ることとなった。ここで掲載した絵画資料は一部に過ぎないが[1]、ひとつの建物が通時的に題材となり続けていたことに驚くとともに、議事堂建設を待望するこの時代の熱気を感じとることができる。
　絵師による意匠表現には、時計塔、2 階建ての車寄せ、唐破風、千鳥破風などの擬洋風建築を想起させるものが見られた。擬洋風建築とは、明治初期において日本人の大工・棟梁が見よう見まねで西洋建築を模した建物のことで、明治10年前後にピークを迎え、同20年以後には消えていったとされるが[2]、初代仮議事堂建設のころでも絵師たちに一定の影響力を持っていたことがわかる。

註

1) 例えば、衆議院憲政記念館は、初代国会仮議事堂に関する絵画資料を29点所蔵している。参照：『開館30年 憲政記念館所蔵資料目録』（編集・発行 衆議院憲政記念館，平成14年11月）
2) 藤森照信：『日本の近代建築（上）－幕末・明治篇』（岩波書店，1993），pp.89-157

第2章　初代仮議事堂建設までの経緯

初代仮議事堂の写真（図Ⅰ-1）を見ると、大きな切妻屋根を頂く議場をもつ両翼部に比べて、中央棟はこぢんまりとしていて、建築の構成上のバランスは良いとは言えない。絵画資料の中には、仮議事堂の中央棟に塔を描いたものもあった。では、なぜ創建時のような姿になったのだろうか。

そもそも国会議事堂の原案は、ベルリンのエンデ&ベックマン建築事務所（以下略す場合はエンデ&ベックマンとする）の設計案に遡り、和洋折衷案を経て、さらに煉瓦造から木造に構造を変更して仮議事堂案が作られるという経過をたどる。大熊喜邦は、「第1回建築の仮議事堂の平面を見ると、真中が皇室用の部分及共通の部分、左が貴族院右が衆議院と云ふ風な平面構成になつて居る。而してエンデ及ベックマンがやりました本議事堂の間取も亦大体斯う云ふ風な平面構成になつて居る」[1]と、実際に仮議事堂案を見た者の視線で仮議事堂の位置付けを行っている。しかし、そこには原案から仮議事堂に至る複雑な図面の変遷の過程が省かれている。

そこで本章では、エンデ&ベックマンによる原案から仮議事堂の建設に至るまでの全過程を詳らかにするとともに、発見された初代仮議事堂の平面図が、資料として具体的にどのような意味をもつのかを明らかにしたい。

2-1　国会議事堂原案

国会議事堂案は、明治19（1886）年4月に来日したヴィルヘルム・ベックマン（1832～1902）が構想を練り、同年8月の帰国後にベルリンのエンデ&ベックマン建築事務所で作成された。翌20年5月に、同案の印刷図面をヘルマン・エンデ（1829～1907）が携えて来日した。設計担当者は所員のパウル・ケーラーであったが、日本では名前のみが知られているに過ぎない。

まずパウル・ケーラーについて、ドイチェ・バウツァイトゥンク（以下、引用するときは「ドイツ建築新聞」）に掲載された訃報記事を紹介する。

「1888年2月7日、建築家パウル・ケーラーはアルコで死去した。彼は、1862年からベルリンのエンデ&ベックマン建築事務所で働き続けた。同事務所は、一人の芸術的才能に恵まれた所員を失うことになる。」[2]

エンデ&ベックマン建築事務所は1860年に開設されているので、ケーラーは最古参の所員の一人となる。なお、文中のアルコ（Arco）とは南チロルの都

市で、冬期の温和な気候のせいで訪れる人の多い保養地であったという[3]。

さらに「ドイツ建築新聞」からケーラーの名を拾うと、「ベルリンのエンデ&ベックマン建築事務所の拡張」と題する記事にそれが見出せる。

「信頼できる所員であるパウル・ケーラー、アドルフ・ハルトゥンク、そしてエドガー・ギーゼンベルクをエンデ&ベックマンのアトリエの共同出資者として扱い、事務所のために彼ら3名によってとくになされた図面には、彼らの名を記すことにする。」[4]

事実、国会議事堂原案の図面にはエンデ&ベックマンに続いてケーラーの名が記されている。

一所員として働いたケーラーの単独の業績を特定するのは困難であるが、確実にケーラーの仕事であったとみなせる作品に、チェコのブルノに建てられたドイチェス・ハウス協会会館がある[5]。ドイチェス・ハウス協会はチェコのモラヴィアを開拓したドイツ人のために設立され、同会館は明治20（1887）年4月に設計競技の告知がなされた。同年の秋に入選作の発表があり、翌21年3月、「ドイツ建築新聞」に1等入選案の図面が掲載されている（図Ⅱ-1）。

Ⅱ-1　ドイチェス・ハウス協会会館（1888〜1891）

建物の完成は明治24（1891）年5月で、同年6月25日付の「ドイツ建築新聞」に竣工した建物の外観の写真と平面図を見ることが出来る。その図面にはエンデ&ベックマン、P.ケーラーと記されているので、設計担当者がケーラーであったことがわかる。

同協会の建物は現存しないが、外観のコーニス、隅石、窓枠などの要所に砂岩を、壁面に化粧煉瓦を用い、強い傾斜屋根、装飾を施した切妻破風、尖塔をもつドイツ・ルネサンスのリバイバル様式で設計された。
　ケーラーは明治21年2月に死去しているので、同会館の完成を見届けられなかったが、入選の報を知って永眠したのはせめてもの幸いであったと言えよう。
　さて、パウル・ケーラーが設計を担当したわが国の国会議事堂原案（図Ⅱ-2）の平面図には、中央に吹抜けの玄関ホールがあり、その上にドームが立ち上がる。正面右手に上院、左手に下院を配して、それら両院を大きなホールが結び付けている。両院の正面側にはそれぞれ1階に食堂・喫茶室、2階に会議室があり、両院の背後にはそれぞれ1階に閲覧兼座談室、2階に会議室がある。

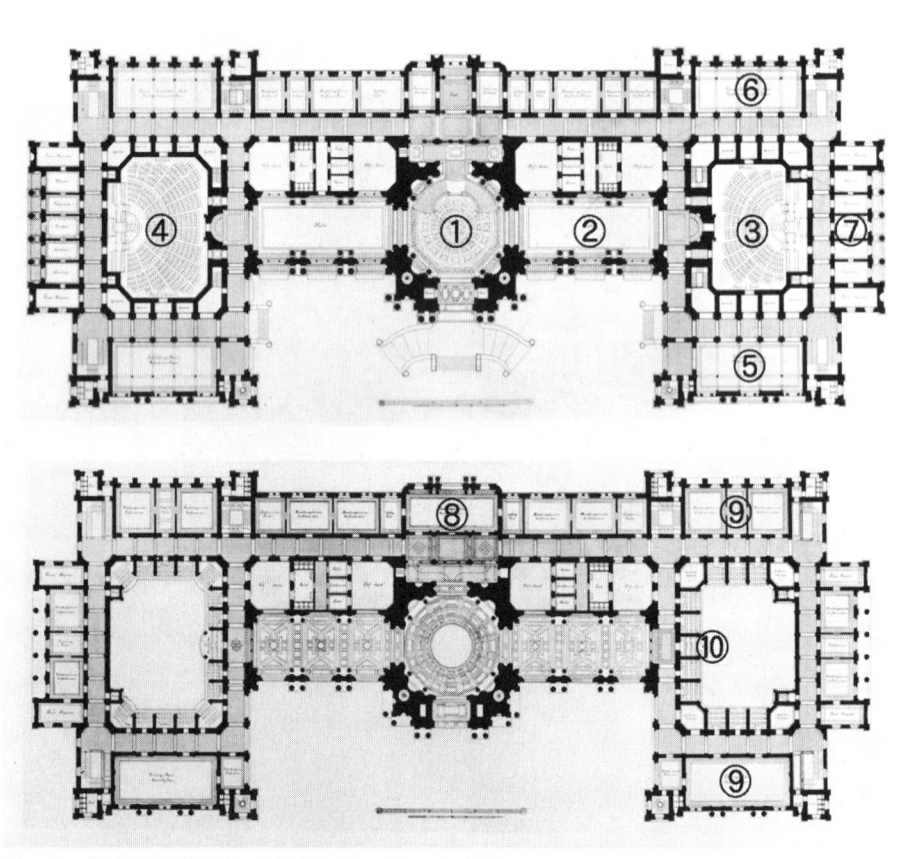

Ⅱ-2　国会議事堂原案・平面図（上1階・下2階）
　①玄関ホール　②ホール　③上院　④下院　⑤食堂・喫茶室　⑥閲覧兼座談室　⑦議長室
　⑧天皇陛下御室　⑨会議室　⑩玉座

また、議場の側面には議長室、秘書室、大臣室、クロークがあり、同2階の桟敷には中央に玉座、隣接して官員と外交官の席、そして人民席と記者席が配される。

　玄関ホールの奥に二股の階段が見える。それは踊場でひとつになり、さらに奥に直進して左右に分かれる大階段室となり、2階の天皇陛下御室へと至る。

　他方、外観は2階に達する2本一組のコリント式の円柱あるいは付柱によって分節され、間口約180ｍの堂々としたネオバロック様式で仕上げられている（図Ⅱ-3）。

Ⅱ-3　国会議事堂原案・外観

2-2　国会議事堂第2案（和洋折衷式）と仮議事堂第1案

　この西洋式の原案の次に、第2案として和洋折衷案（図Ⅱ-4）が作成される。当初想定していた外壁用の切石の調達が疑問視されたこと、日本在住の欧米人がわが国の伝統建築との調和を訴えたことが設計案の変更につながったとされる[6]。担当は同じくパウル・ケーラーであった。

　この和洋折衷式の設計時期については、エンデ帰国後の明治20年8月以降

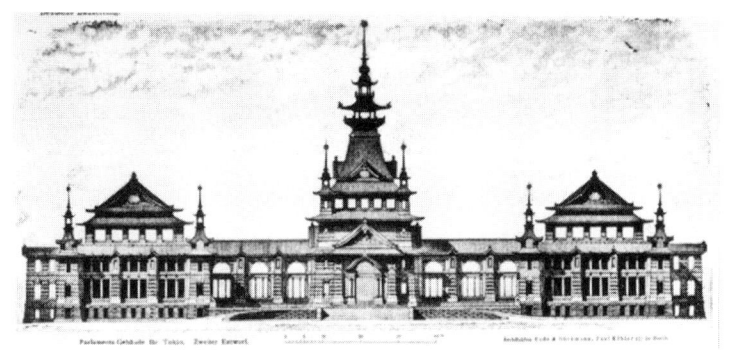

Ⅱ-4　国会議事堂・和洋折衷案

となろう。傍証を挙げれば、同じ所員のエドガー・ギーゼンベルクが担当したわが国の司法省庁舎の和洋折衷案が、明治20年10月頃から翌21年1月頃に作られているからだ[7]。

国会議事堂第2案の構造は煉瓦造で、なお切石仕上げとなっているが、両院には大きな入母屋屋根が架かり、中央玄関に唐破風が付き、その上には千鳥破風等で飾られた塔が立ち上がっている。原案と比べると、規模は同じで、オーダー柱は影を潜めたものの軒から下の構成は酷似しているので、第2案の平面計画に変更はなかったと思われる。

ところで、この国会議事堂和洋折衷案と並行して、すでに明治20年9月下旬に仮議事堂の設計が開始されている。仮議事堂の最初の案は、「日本の国会仮議事堂案」と記載された外観図面（図Ⅱ-5）で、そこには「設計エンデ&ベックマン、P．ケーラー、ベルリン、1887年9月23日」という書き込みがある[8]。その平面図は知られていないが、ドイツ側資料に「国会仮議事堂は同じ平面に倣いながらも、規模を縮小した」[9]という記述がある。この仮議事堂第1案の構造は木造に代わり、中央に聳えていた塔はなくなり、規模は間口で約180ｍから約140ｍに縮小されている。

Ⅱ-5　仮議事堂第1案

パウル・ケーラーと仮議事堂との関わりはここまでで、以後、実施に向けてエンデ&ベックマン建築事務所の所員アドルフ・シュテークミュラー[10]と臨時建築局技師吉井茂則に引き継がれる。最初から議事堂の担当であったケーラーが来日しなかったのは、訃報記事で紹介したように（明治21年2月に死去）、すでに明治20年のエンデの来日時には健康を害していたからだと推察される。

2-3　アドルフ・シュテークミュラー

藤森照信博士の研究によれば、仮議事堂の設計監理に当ったシュテークミュラーは、明治20年5月4日にエンデとともに来日し、明治23年10月25日頃に

解雇されたとされ、同年10月21日に帰国したという大熊喜邦の記録を併せて紹介している[11]。

帰国の時期については、「東京日日新聞」が明治23年11月12日付で、「帝国議事院建築を担当計画せし、御雇い独逸人ステヒミール氏は今度辞職し、昨日午前の新橋汽車にて帰国の途に就きたり。よって同建築技手及び知人建築掛りの諸氏は、新橋停車場まで見送りたり」[12]と報じているので、大熊の記録より3週間ほど長く滞在していたことになる。

『明治工業史』は「最初の建築の設計は独逸建築技師ステヒミュレルにして内務技師吉井茂則が工事主任たりき」と記している[13]。以下、シュテークミュラーと仮議事堂との関わりを報じた新聞記事を3件紹介したい。

「仮国会議事堂は同局雇独逸人ステヒメール氏工事を担任し、其建築は総体木造りにて和洋折衷の所もあれど、重もに日本風を用ひ議場は上院下院各々三百五十人の席を設くべき結構にて、初め独逸国より送り来りし同堂の元図には三百人宛なりしを、更に内閣よりの沙汰にて五十人を増加せしなりと、総じて近く廿三年の開設までに間に合はする至急の建物なれば、装飾なども余程省略し其他とも初め一旦定めたる図面よりは一層簡略になす筈にて（略）仮議事堂は建築の時限短くして、一々遠国の指揮を受け難ければ、此等の指揮者なくステヒメール氏一人にて一切を計画するなりといふ（略）」[14]

「国会仮議事堂の建築（略）其家屋落成は、来る二十二年四月三十日迄との予定なるが、右構造は総て独逸国工学士（筆者註：シュテークミュラー）の手に成りたるものにて（略）」[15]

「貴族院の玉座は、目下建築局御雇い独逸人ステヒミュテル氏が担任し（略）天井は悉皆独逸国より石膏（一樽十二円以上二十円の良品）を取り寄せて塗り上げ、一面に模様を絵く筈にて、図様は昨今考案中なりと云ふ。」[16]

このことからシュテークミュラーは、仮議事堂の構造から意匠まで手掛けていたことがわかる。

このように、仮議事堂とシュテークミュラーを関連付ける日本側資料は散見されるが、ドイツ側に、彼の経歴ならびに業績を特定できる資料は皆無に近い。確実に言えるのは、兄弟に建築家のパウル・シュテークミュラー（1850～1891）がいて、パウルはヘルマン・エンデの娘と結婚していることである[17]。アドルフ・シュテークミュラーとエンデは姻戚関係にあったことになる。

シュテークミュラーという姓だけを頼りにすれば、その名をベルリン動物園の諸施設の設計者の中に見出すことが出来る。1898年から1908年の間に、シュテークミュラーは、鹿舎、雉舎、鶏舎などの諸施設を設計している[18]。
　ベルリン動物園とエンデ＆ベックマンとの関係は深く、同建築事務所は1870年代に多くの動物舎を建てている[19]。とくにベックマンは1893年に同動物園協会理事、1897年から会長職に就いていることは特筆できよう[20]。兄弟のパウルは1891年に死去していることから、ベルリン動物園の諸施設の設計はアドルフであった可能性がある。なお、これら諸施設のうち鶏舎（1908年）が現存している。

2－4　仮議事堂第2案と同変更案

　平成16年に発見された図面は「国会仮議事堂階上之図」と「国会仮議事堂階下之図」という記載のある1階と2階の平面図2枚で、縦約40cm、横約70cmのトレーシングクロスに縮尺200分の1で描かれている（図Ⅱ-6）。
　1、2階とも日本語で部屋名称が記入され、1階のすべての部屋に尺で寸法が入り、図面脇に坪数の記載がある（1階は1065坪7合2勺7戈、2階は934坪8合4勺1戈）。例えば、両院議場の大きさは内法寸法で、梁間方向は52尺5寸（最大64尺）、桁行は81尺5寸と記入されている。壁厚は、一部の間仕切りで5寸、それ以外は1尺である。
　建物は中央部を台形状に突出させ、両翼部を大きく張り出させた平面形式をもつ。中央に車寄せのある玄関、両翼部脇に議員用の入口を設ける。その中央玄関を入ると、八角形平面を持つ吹抜けのホールとなる。同ホールの奥には二股に分かれた階段が設置され、その階段室の下を抜けると1階奥に食堂と談話室がある。階段を上がり中央の踊場で折れてさらに直進すると、2階奥の天皇陛下御室、大臣室等に至る。
　中央ホールの左右に議員次室が付き、その後方に中庭を設ける。この議員次室は平屋である。両翼部の右手に上院議場、左手に下院議場がそれぞれ配される。両院の周囲には大臣室、会議室、議長室、筆記者室、整衣室等の諸室が付く。また両院の2階には桟敷が巡り、玉座、官員傍聴席、人民傍聴席、新聞記者席等の諸席に区分されている。
　仮議事堂第1案（図Ⅱ-5）と比較すると、中央の大きな寄棟屋根はなくなり、両院議場上の入母屋屋根は切妻に変更され、議場前の尖塔状の飾りはなくなっ

ている。この当たりの変更について「ドイツ建築新聞」は、「アドルフ・シュテークミュラーの監督下に、屋根の形態は著しく簡略化された」[21]と報じている。

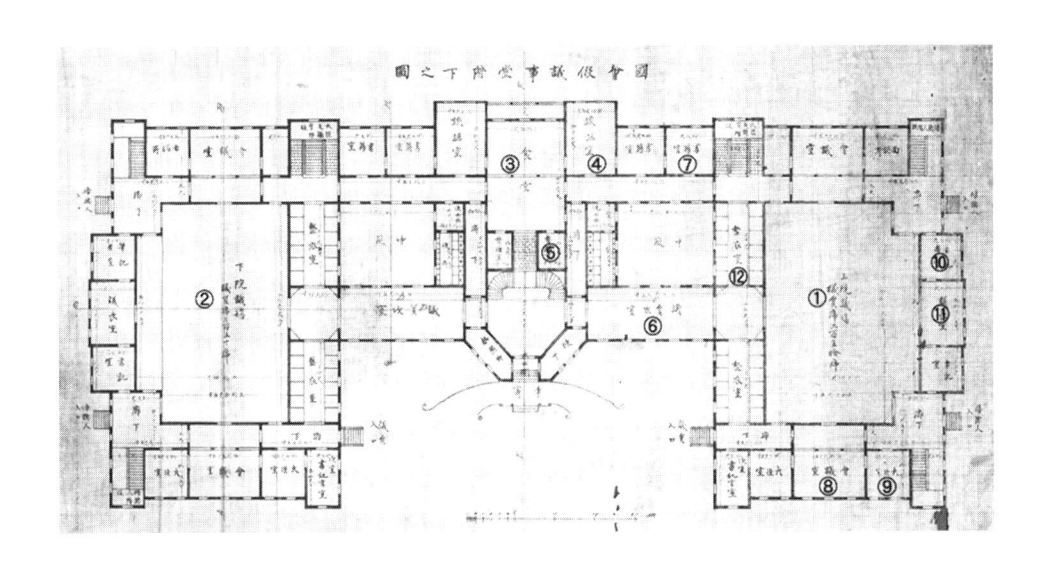

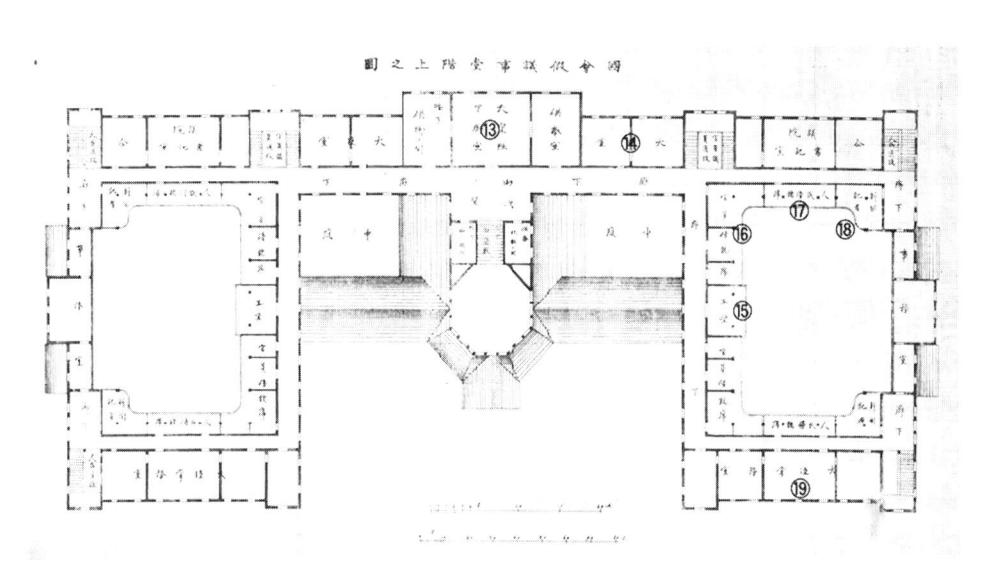

Ⅱ-6　仮議事堂第2案（上1階・下2階）
①上院議場　②下院議場　③食堂　④談話室　⑤整膳室　⑥議員次室　⑦書籍室　⑧会議室
⑨大臣室　⑩筆記者室　⑪議長室　⑫整衣室　⑬天皇陛下御室　⑭大臣室　⑮玉座　⑯官員傍聴席
⑰人民傍聴席　⑱新聞記者　⑲大臣掌務室

この平面図には要所に断面線が引かれているので、断面図はもとより、立面図を含んだ一式の設計図書が存在していたと思われる。

また規模は縮小され、発見された図面における建物の間口方向は約110mとなっている。以下、同図面を仮議事堂第2案と称する。確かに、規模は縮小されたものの、同第2案は、八角形状の玄関ホール、その左右のホール（議員次室）を経て両院議場に至る構成、玄関ホールの階段室の取り方、そして2階奥の天皇陛下御室の配置などに国会議事堂原案（図Ⅱ-2）との類似性を見ることができる。

　ところで、明治23（1890）年11月に竣工した仮議事堂の外観写真（図Ⅰ-1）とこの仮議事堂第2案を比べると、両者は同じでないことがわかる。とくに同第2案の中央玄関から左右に付く棟（議員次室）が平屋であるのに対して、竣工後の写真では同箇所が2階建てになっている。また、中央玄関の屋根の形も異なる。したがって、仮議事堂第2案はその後さらに変更されたことになる。

　この辺りの変更事情については、当時の新聞の記事と附録図面が考察の手がかりとなる。明治22年1月3日の「東京朝日新聞」によれば、「目下工事中なる同仮議院は、かねて記す如く来る五月を以て全く落成の筈にて引続き其工事を取急ぎ居ることなるが、その構造の詳細は本日の本紙附録として添たる全図の如く木造の仮院ながら亦相応に宏壮の建築の由（略）此全図は同院の現体を六百分の一に縮図せしものなれは、未だ十分に其実を示し得ざる憾なしとせずと雖ども、仔細に平面図に照して其模様を按検せば、亦以て来廿三年を期して開設せらるゝ所の議会実態の如何なるやをも想ひ見るに足りなん」[22]とあり、平面図の略図（図Ⅱ-7）、正面図（図Ⅱ-8）、議場内部図等が別紙として紹介されている[23]。

　この「東京朝日新聞」に掲載された平面図と仮議事堂第2案を比べると、両者は同じ平面図であることがわかる。初代仮議事堂は明治21（1888）年6月21日に起工しているので、この「東京朝日新聞」の記事は着工後半年を経た時点のものとなる。同記事により、発見された平面図は、着工時の実施図面であった可能性がある。また同紙に掲載された正面図には、中央玄関の上に八角塔が描かれ、着工時に予定されていた外観の様子を窺うことができる。

　筆者は第1章（10頁）で、「大日本帝国国会議事堂」（図Ⅰ-3）について「工事中とはいえ、何らかの情報を得ていた可能性がある」と書いた。同錦絵の議場棟の形状や窓の数、中央棟と議場を繋ぐ平屋の棟は、仮議事堂第2案に似ている。絵師の梅寿国利は同第2案を参考にしたのかもしれない。

― 26 ―

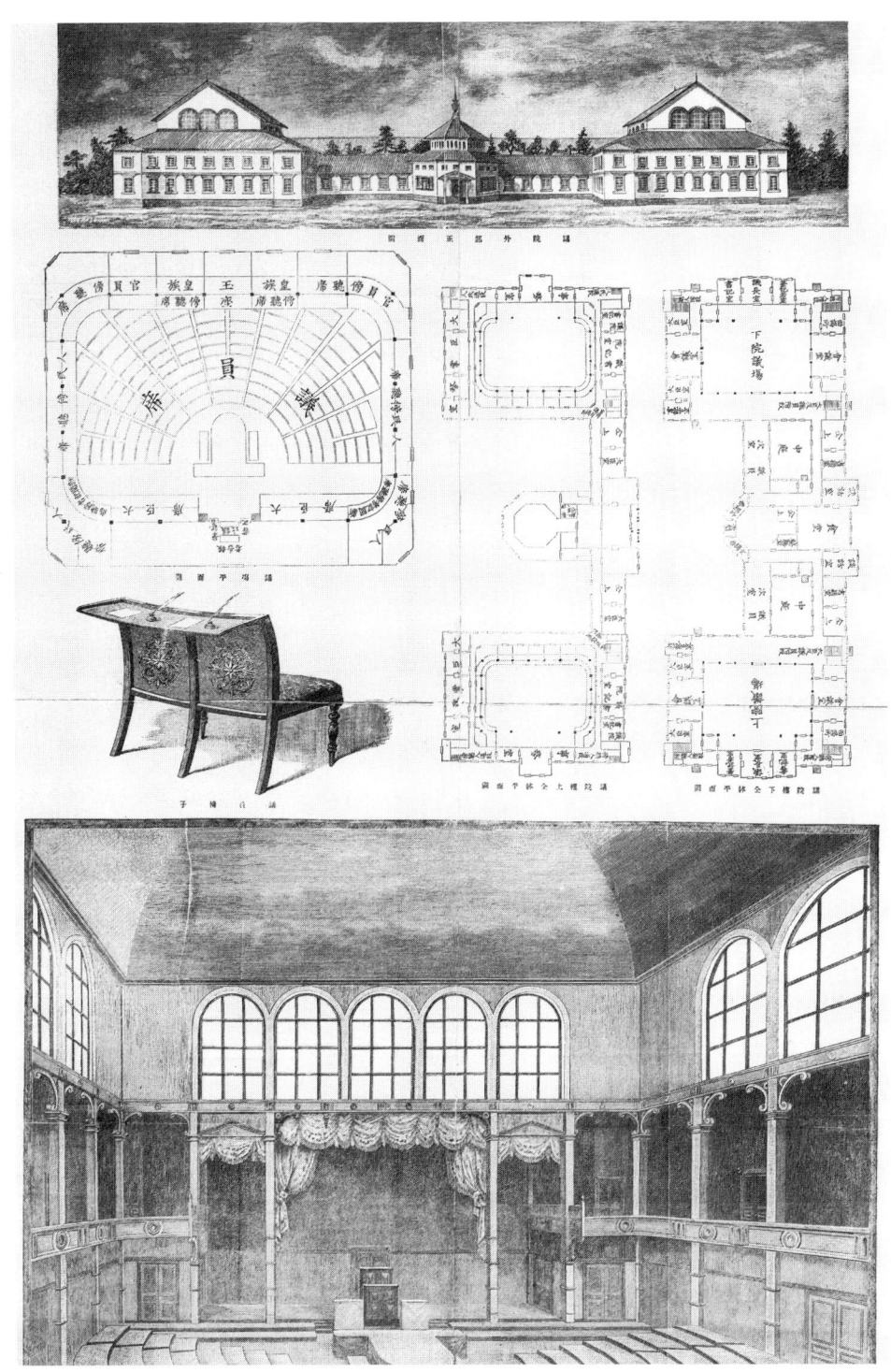

Ⅱ-7 「東京朝日新聞」掲載の仮議事堂・平面図略図（中右）
Ⅱ-8 「東京朝日新聞」掲載の仮議事堂・正面図（上）

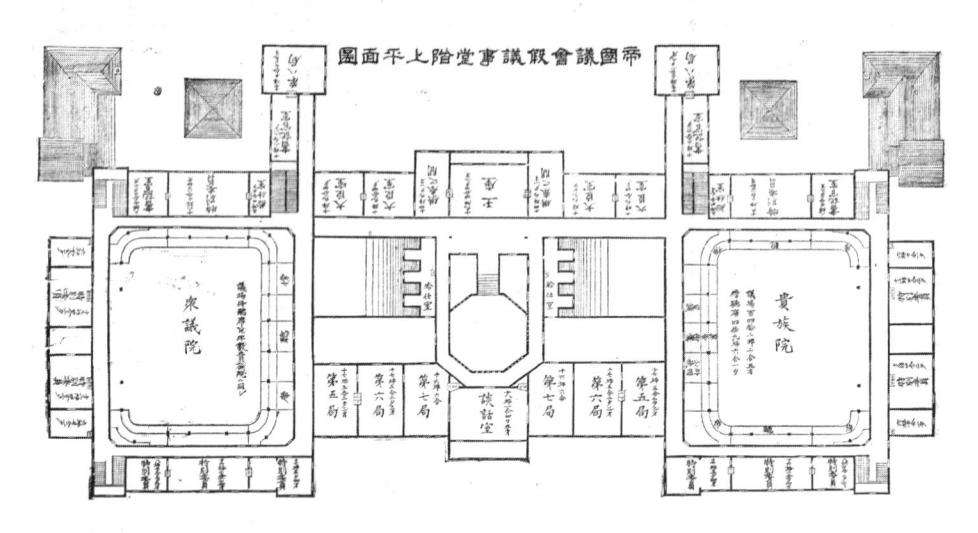

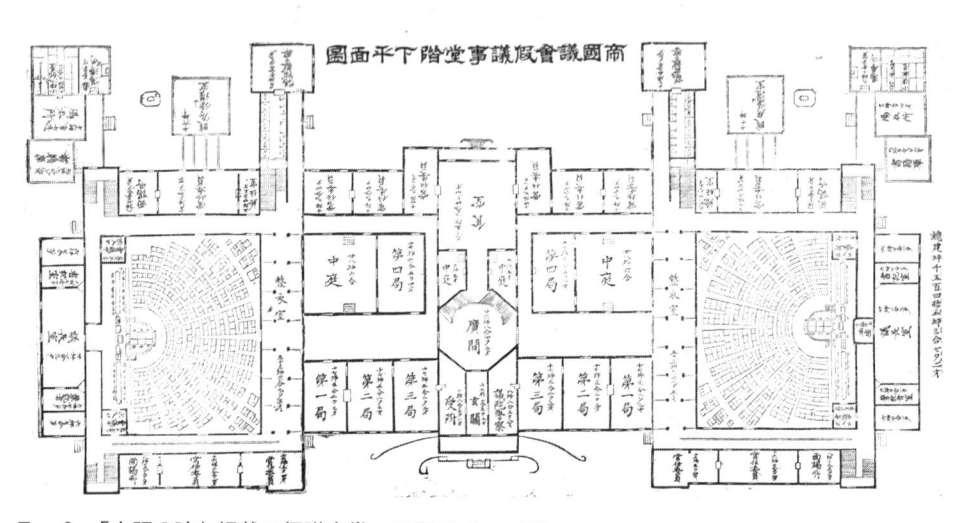

II-9 「大阪公論」掲載の仮議事堂・平面図（中・下）
II-10 「大阪公論」掲載の仮議事堂・正面図（上）

さらに、仮議事堂の工事の様子を伝える別の記事がある。それは明治23年2月13日付の「大阪公論」[24]で、1階と2階平面図（図Ⅱ-9）、そして正面図（図Ⅱ-10）が附録として付く。双方の図からは、仮議事堂第2案の中央ホールと両院を繋ぐ議員次室の前に総2階の棟が増築されていることがわかる。それに伴い、議員次室は廊下になっている。また、仮議事堂第2案では両院議場の2階にあった玉座が、「大阪公論」掲載の平面図では1階の貴族院の議長室前に移動している。さらに、その正面図に見られる増築棟の窓が縦長であるのに対して、完成後のそれは横長であること、また中央に塔が聳えていることから、「大阪公論」附録正面図も創建時とは相違がある。

2-5　竣工時の図面

　「大阪公論」掲載の図面以外に、なお2種類の図面がある。ひとつは、明治23年3月の『建築雑誌』に掲載された1階と2階（図Ⅱ-11）の各平面図である。同年2月の『建築雑誌』には次の記載がある。

　「議院ノ建築ハ内部ノ造作ヨリ電燈電鈴暖房機ノ架設据付ケ附属家ニ至マデ略ボ落成シタレドモ、更ニ尚ホ両議長ノ官舎印刷所及ビ議員ノ支度所等ヲ合セテ四百四十余坪ノ建物ハ目下地平均シ中ナリ」[25]

　この時期、仮議事堂の主屋そのものは落成間近な状態にあったという。

　もうひとつは、衆議院憲政記念館所蔵の図面である（図Ⅱ-12）。これは「大日本国会仮議事堂」と題された縮尺250分の1の平面図で、その裏面に議員人名録が付く。当該の議員は、明治23年7月に行われた第1回総選挙によって当選した人々で、同年11月29日の開院式に合わせて作成されたと推察される。

　これら2種類の図面の違いは、建物の主屋部から裏手（西側）の付属屋に見られ、部屋数ならびに形状が異なっている。

　他方、仮議事堂主屋における最も大きな違いは、貴族院議場の右上、衆議院議場の左上にある議員警察および土間（2階は傍聴人控所）である（図Ⅱ-12のA）。

　再度、図Ⅱ-11と図Ⅱ-12を吟味すると、図Ⅱ-12には、図Ⅱ-11のような中央棟の八角形のホール（階段ノ間）ならびにその奥の玉座に天井伏せの書き込みがない。結局、八角塔は建設されなかったので、階段ノ間の伏図を省略した図Ⅱ-12が、最終的な仮議事堂の平面図を示していると考えられる。

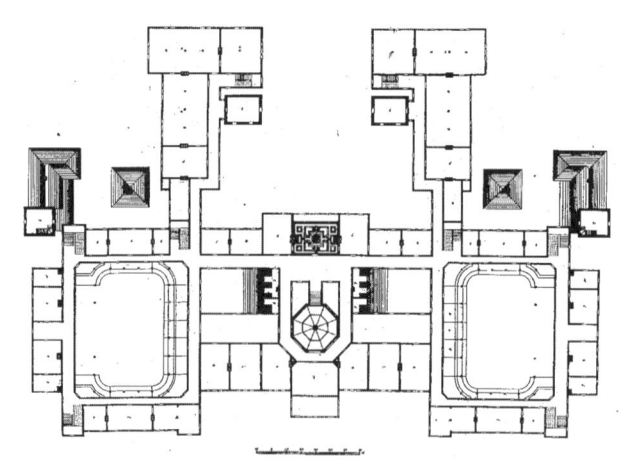

Ⅱ-11 『建築雑誌』掲載の初代仮議事堂・2階平面図

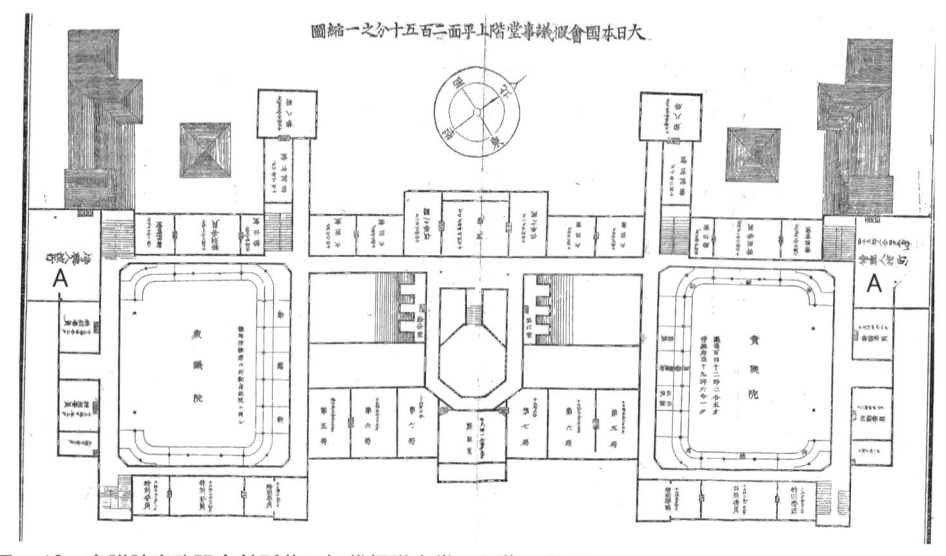

Ⅱ-12 衆議院憲政記念館所蔵の初代仮議事堂・2階平面図
図面上での名称は「大日本国会仮議事堂階上平面二百五十分之一縮図」

2-6 増築の時期について

　初代仮議事堂が竣工するまでに、その関連平面図だけでも5種類あるので、今一度これらの図面の変遷を整理しておく。

　着工して半年後の「東京朝日新聞」(明治22年1月3日付)に掲載された図面 (図Ⅱ-7　中右) は、平成16年に発見された平面図、つまり仮議事堂第2案と同一であり、その略図であった。

― 30 ―

次に「大阪公論」(明治23年2月13日付)の掲載図面(図Ⅱ-9)における主だった変更は、仮議事堂第2案で平屋であった議員次室の前に総2階の棟が増築されたことであった。

　この大阪公論掲載図面は、仮議事堂主屋に限れば明治23年3月の『建築雑誌』掲載図面(図Ⅱ-11)と同じであり、憲政記念館所蔵図面(図Ⅱ-12)には両議場側面に増築部が見られた。

　ただ、ここで留意しなければならないのは、それぞれの図面が新聞紙上あるいは雑誌で発表されたときに、その時点での工事の進捗状況を正しく表示しているとは限らないということである。それは完成予定図であったかもしれないし、逆に最新の現状変更に追いついていなかった可能性もあるからだ。

　そこで、初代仮議事堂の工期中の増築を報じた新聞記事の有無を調べてみた。すると、仮議事堂第2案の略図が掲載された「東京朝日新聞」の約2ヵ月後の「中外商業新報」(明治22年3月5日付)に、以下の興味深い記事があった。

　「明年開かるる帝国議会の仮議事堂は、最初十三万円を以って建築の予定なりしが、その後議員の議席及び傍聴席等の割合を算定するに、やや手狭なるを感ずに付き、更に三百坪の建増しをなし、かつ平屋の処を二階建となし、また最初六ヶ年間使用の見込みなりしを、今度更に十五ヶ年間使用し得るよう、丈夫に建設する事となりたる等にて、費用も自然右予算より嵩み、およそ十七万円を要すれど、なるべく十六万円位にて仕上げんものと、建築局の技師にはもっぱら苦心中なりと云う(略)。」[26]

　同記事では300坪の増築をして、平屋を2階建てにするという。この300坪は建坪なのか、延坪数なのかは定かではないが、平屋部分を2階建てにする点は、「東京朝日新聞」の掲載図面から「大阪公論」のそれへの変更と符合している。因みに、この2階建ての増築部の建坪は、「大阪公論」の掲載図面から算出すると約136坪となる。

　さらに、仮議事堂第2案と「大阪公論」掲載の平面図を比べると、とくに建物の裏手に諸室が増えていることがわかり、議場側面ならびに中庭にも増築がなされている。これらの増築部の建坪は概算で290坪となり、記事の坪数に近い値と言える。

　同記事には建築局の技師がこれらの変更を、費用が嵩み「苦心中なりと云う」としていることから、この増築工事は明治22年3月以降になされたと考えら

れる。

　初代仮議事堂の上棟式については、明治21年11月15日付の「東京朝日新聞」に、「目下工事中なる帝国議会仮議堂の上棟式は来月15日を以て執行する筈なり」との記事があったが、同年12月に上棟式の記事は見当たらなかった。その代わりに、明治21年12月4日付の「読売新聞」に「仮国会議事堂は一昨二日午後柱建の式を執行されしに付、山尾建築局総裁および掛り員数名が臨場し海軍楽隊の奏楽ありて盛んなる式を行われたり」という記事があった。式典の挙行と時期から判断して、この場合、柱建の式は上棟式のことだと思われる。

　次に、憲政記念館所蔵図面に見られた増築について、何か示唆するものがないかを調べたところ、「中外商業新報」の記事から4ヵ月後の「読売新聞」に、以下の記事が見出せた。

　「上下議院の総建坪数は千二百五十八坪余なりしが、今度百八十坪を増加し同院掛員の事務室及び面接室等を建設さるると云」（明治22年7月26日付）

　憲政記念館所蔵図面の増築部は、議員警察および土間（2階は傍聴人控所）と記載され、同記事の使い勝手とは異なるが、その建坪は約73坪（延坪数では146坪）であった。また、憲政記念館所蔵図面では建物裏手に新たに「小使部屋」が増築されていて、その建坪は約30坪であり、合計103坪となる（延坪数では176坪）。したがって、この「読売新聞」の記事が、これらの増築部を指しているかどうかは断定できないが、180坪程度の増築に該当する部屋は図面上ではほかに見当らない。

　ところで、先の「中外商業新報」には「傍聴席等の割合を算定するに、やや手狭なる」との記載があった。憲政記念館所蔵図面の増築部には「傍聴人控所」が含まれているので、同控所を加えると記載の300坪を大幅に超えてしまうが、すでに明治22年3月の時点で同箇所の増築が検討されていた可能性はある。

　明治23年2月の『建築雑誌』にほぼ落成した記事があったことを先述したが、同じ頃の「東京朝日新聞」に、「昨年一月其細図を附録として発行したる帝国議会仮議事堂は今や漸くその工を竣らんとするに至れり、依て今其結構及び工事の概況を記さん（略）」（明治23年3月9日付）との記事がある。このことから、初代仮議事堂の主屋は明治23年3月頃に概成していたことになる。

　なお、明治23年3月の『建築雑誌』掲載の平面図（図Ⅱ-11）を見ると、仮議事堂背後の付属屋は、憲政記念館所蔵図面よりさらに拡張されている。ただ

し、憲政記念館所蔵図面の1階平面図には、付属屋の先の2ヵ所に「此処凡三百坪余」との書き込みがあることから、建物背後の図示を省略したと思われる。

このように初代仮議事堂は工期中に増築を重ねながら、背後の付属屋を含めて最終的な建坪は2,562坪になった[27]。

結　語

わが国の国会議事堂については、エンデ&ベックマン建築事務所による西洋式の原案、和洋折衷案、仮議事堂第1案、同第2案、そしてその変更案までさまざまな設計の変遷があったことが確認できた。初代仮議事堂主屋部の各平面図から着工後2度の増築があったことが読み取れ、増築に関連する記事が見出された。このことから、増築は明治22年3月以降、さらに同年7月以降に行われた可能性が高い。

以下、仮議事堂建設までの過程を年代順にまとめる。
・明治19（1886）年4月24日　ベックマン来日
・同年7月2日　ベックマン離日。帰国後（8月）、国会議事堂案作成（担当：ケーラー）
・明治20年5月4日　エンデとシュテークミュラー来日、国会議事堂案持参
・同年7月19日　エンデ離日。帰国後（8月）、国会議事堂和洋折衷案作成（担当：ケーラー）
・同年9月頃　初代仮議事堂第1案作成（担当：ケーラー）
・同年10月頃－翌21年6月頃　初代仮議事堂第2案（発見図面）作成（担当：シュテークミュラー、吉井茂則）
・明治21年6月21日　初代仮議事堂の工事着工
・明治21年12月2日　柱建式（上棟式）
・明治22年3月以降ならびに7月以降、増築
・明治23年3月頃、初代仮議事堂の概成
・明治23年11月11日　シュテークミュラー離日
・同年11月24日　初代仮議事堂の竣工

平成16年に発見された図面は初代仮議事堂第2案で、着工半年後の「東京朝日新聞」掲載（明治22年1月）の図面の原図であった。そして、明治22年3月の「中外商業新報」に見られた平屋から2階建てへの増築予定記事から、「東京朝日新聞」掲載時には同案に基づいて工事が進捗していたと言える。

　先に本章2－4にて、発見図面の1階建坪は1065坪7合2勺7戈であったことを紹介した。着工2ヵ月後の明治21年8月23日付の「東京日日新聞」に、「麹町区内幸町二丁目に建築せらるる国会仮議事堂は（略）、坪数は合計一千六十二坪八勺二戈にして（略）」という記事があり[28]、その坪数は当該図面のそれと同じと見てよい。

　以上から、発見された平面図は初代仮議事堂着工時の実施図面であったと考えられる。

　そして、「東京朝日新聞」掲載の正面図（図Ⅱ－8）により、着工当初に計画されていた仮議事堂の姿が想像できる。その八角塔が造られなかった理由については、明治23年3月頃に建物はほぼ落成し、帝国議会開催までなお猶予があったことから、工期の問題ではないだろう。「中外商業新報」が報じていたように、増築による予算高に現場が苦慮していたことから、建築費を抑制したためだと思われる。

　初代仮議事堂は確かにアドルフ・シュテークミュラーと吉井茂則によって完成したが、この発見図面は、当初の国会議事堂原案（図Ⅱ－2）と多くの類似点があり、仮議事堂の竣工を見届けることなく計画途上で亡くなったパウル・ケーラーの設計理念が生き続けていたことも明らかにしてくれる。

註

1) 大熊喜邦:「議事堂建築の概要」,『建築雑誌』第51輯第623号, 1937.2, p.198
2) Todtenschau, in: Deutsche Bauzeitung, p.72 （1888年2月12日付）
3) 参照。Meyers Lexikon, Bibliographisches Institut, Leipzig, 1924, p.812
4) Erweiterung der Architektenfirma Ende & Böckmann, in: Deutsche Bauzeitung, p.140 （1886年3月20日付）
5) ドイチェス・ハウス協会会館については次の文献を参照。Preisbewerbung für Entwürfe zu einem Deutschen Haus in Brünn, in: Deutsche Bauzeitung, 1887, p.200. Entwürfe zu einem Gesellschaftshaus für den Verein Deutsches Haus in

Brünn, in: Deutsche Bauzeitung, 1888, pp.103-106. Das deutsche Haus in Brünn, in: Deutsche Bauzeitung, 1891, pp.356-358

6) 参照。Deutsche Entwürfe für japanische Monumental-Bauten.I., in: Deutsche Bauzeitung, 1891, pp.121-122

7) 堀内正昭:「エドガー・ギーゼンベルクの経歴と旧司法省庁舎（現法務省旧本館）の設計に果たした役割」, 日本建築学会計画系論文集 第568号, 2003.6, pp.147-152

8) 同図面については、大熊喜邦による原図の模写図面が日本建築学会図書館に所蔵されている。ここではDeutsche Bauzeitung, 1891に掲載された図を参照。

9) Deutsche Entwürfe für japanische Monumental-Bauten.I., in: Deutsche Bauzeitung, op.cit., p.122

10) Adolf Stegmüller（生没年不詳）これまでステヒミュレル、ステヒミューラーなどと発音されてきたが、本稿ではドイツ語発音表記にしたがって、シュテークミュラーとする。参照。Duden Band 6 Das Aussprachewörterbuch, Dudenverlag, Mannheim, 1974

11) 藤森照信:「エンデ・ベックマンによる官庁集中計画の研究 その5建築家及び技術者各論」, 日本建築学会論文報告集 第281号, 1979.7, p.175

12) 「東京日日新聞」の「建築家ステヒミールが帰国」と題する記事から。参照:『明治ニュース事典第三巻』, 株式会社毎日コミュニケーションズ, 1984, p.226

13) 工学会編:『明治工業史』建築篇, 1930, p.630

14) 「東京日日新聞」 第5128号（1888年1月24日付）, 参照:『復刻版横浜毎日新聞』, 不二出版, 1993, p.90

15) 「東京日日新聞」 第5084号（1888年10月12日付）, 参照:「毎日新聞」（マイクロ資料）No.73

16) 「東京日日新聞」 第5469号（1890年1月18日付）, 参照:「毎日新聞」（マイクロ資料）No.81

17) 参照。Kieling, Uwe: Berliner Privatarchitekten und Eisenbahnbaumeister im 19. Jahrhundert, Biographisches Lexikon, Berlin, 1988, p.67

18) 参照。Heinz-Georg, Kloes, Ursura (eds.): Der Berliner Zoo im Spiegel seiner Bauten 1841-1989, Berlin, 1990. 本書の388頁にシュテークミュラーの名で設計された施設が計35件列挙されている。

19) エンデ&ベックマンは1870年代に、熊舎、猛獣舎、アンティロープ舎、象舎を設計し、そのうちアンティロープ舎（1871～1872）が現存している。参照．堀内正昭：『明治のお雇い建築家エンデ&ベックマン』（井上書院，1989），pp.159-166
20) 堀内正昭：『明治のお雇い建築家エンデ&ベックマン』（前掲書），pp.88-89
21) Deutsche Entwürfe für japanische Monumental-Bauten.I., in: Deutsche Bauzeitung, op.cit., p.122
22) 「東京朝日新聞」の「帝国議会仮議院」と題する記事から（1889年1月3日付）。参照：『朝日新聞＜復刻版＞明治編③』（明治22年1月～3月），日本図書センター，1992
23) 『朝日新聞＜復刻版＞明治編③』（前掲書）には附録図面はない。同図面は筆者所蔵のものを参照。
24) 「大阪公論」（1890年2月13日付）は東京大学明治新聞雑誌文庫に収められているが、その記事は「本日は予告の如く帝国議会議事堂の全図併に其内部に於ける細図附録一葉を添へたり」と記すだけであり、また附録図面は失われていた。同図面は筆者所蔵のものを参照。
25) 『建築雑誌』第4輯第38号，1890.2，p.31
26) 「三百坪建て増し、予算十七万円」と題する記事から。参照，『明治ニュース事典第四巻』，株式会社毎日コミュニケーションズ，1984，p.225
27) 参照。営繕管財局編集：『帝国議会議事堂建築報告書』（昭和13年），p.2
28) 参照：『明治ニュース事典第四巻』（前掲書），p.225

第3章　議場棟の復元

これまでに、初代仮議事堂の復元的考察がなされていなかったわけではない。株式会社大林組が外観写真や図面から、建物の正面立面図と議場内の展開図を作成している[1]。しかし、それは議場小屋組までを復元したものではない。

そこで、本章では以下の方法によって、初代仮議事堂に用いられた議場小屋組の技法を明らかにするとともに、実際に模型の製作を試みる。

・議場内の写真ならびに絵画資料（錦絵、石版画）を参考にする。
・仮議事堂の着工時実施図面から寸法を採用する。
・同時代の日独における類例の小屋組をもつ建物を参照する。

3－1　議場内の写真ならびに絵画資料に見る小屋組

『帝国議会議事堂建築報告書』には、初代仮議事堂の議場内を撮影した3枚の写真が掲載されている[2]。そのうち天井まで写っているのは、貴族院議場の2階傍聴席から撮影したもので、半円筒形状に湾曲した天井を支えている小屋組の一部が見える。

その小屋組の一部を拡大したのが図Ⅲ－1である。軒桁から張り出した控梁、それを支える斜柱、そして柱にはいずれも部材中央に割れ目が入っているので、二つ割の部材を用いている可能性がある。これらの部材がつくる三角形の内側には、さらに2本の斜柱が入っている。これら3本の斜柱のうち2本は

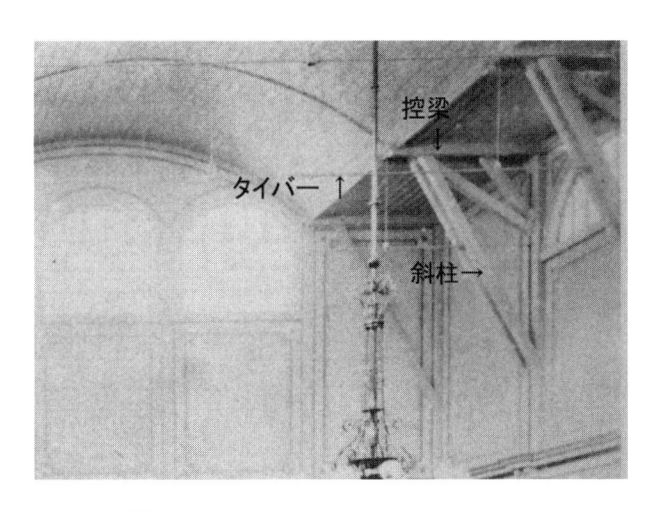

Ⅲ－1　議場内の写真

同じ角度をもち、控梁がそれらを挟んでいるように見える。また、側壁の窓台近くの柱にタイバー（屋根荷重により壁が傾くのを防ぐ目的で梁間方向に挿入される鉄製の棒のこと）が挿入され、斜柱を貫通して梁間方向に渡されている。このタイバーは、控梁の先端、そして半円筒形状の天井の中央部から出ていると思われる垂直材で吊られている。

　初代仮議事堂を描いた絵画資料については、その種の資料は多数存在するが、議場内の天井ならびに小屋組の様子が窺えるものは次の通りである[3]。

・「大日本帝国議会開院式場之図」（明治23年11月19日 「自由新聞」附録　石版画：図Ⅲ-2）
・「国会議事之図」（明治23年12月　国利 画　横大錦：図Ⅲ-3）
・「東京名勝国会議事堂会議之図」（明治24年3月　春暁 画　堅大錦：図Ⅲ-4）

　初代仮議事堂は明治23（1890）年11月24日に竣工し、翌24年1月20日に焼失しているので、「大日本帝国議会開院式場之図」は竣工直前に、「国会議事之

Ⅲ-2「大日本帝国議会開院式場之図」（部分）（「自由新聞」附録，明治23年11月19日）

Ⅲ－3 「国会議事之図」（梅寿国利，横大錦，明治23年12月）

図」は帝国議会会期中に、そして、「東京名勝国会議事堂会議之図」は焼失後に版行されたことになる。以上の３枚の絵には、露出した小屋組の一部と天井が描かれている。

　これら３枚の絵に共通するのは、図Ⅲ－1で見たように、側壁の窓と窓の間に柱が見え、柱の上の軒桁から水平方向に控梁が出ていること、その控梁は柱の下方から斜柱で支えられていることである。

　しかしながら、小屋組の細部においては相違が認められる。その最も顕著な違いは、タイバーの有無である。「大日本帝国議会開院式場之図」（図Ⅲ－2）ならびに「国会議事之図」（図Ⅲ－3）では、梁間方向にタイバーを渡し、そのタイバーを天井から吊った架構になっている。この「国会議事之図」におけるタイバーの架構法は図Ⅲ－2に似るが、控梁の先端からタイバーを吊る垂直材はなく、斜柱は1本である。最後の「東京名勝国会議事堂会議之図」（図Ⅲ－4）にはタイバーは無く、図Ⅲ－3と同じく斜柱は1本である。

　これら３枚の絵のうち、写真（図Ⅲ－1）に最も近いのは「大日本帝国議会開院式場之図」で、正確に描写されていると考えてよい。むしろ、写真の方は窓からの光でハレーションを起こし、細部は不鮮明なので、図Ⅲ－2はそれを補完する資料となる。

Ⅲ-4 「東京名勝国会議事堂会議之図」
（永島春暁，竪大錦，明治24年3月）

絵画資料は絵師の裁量により、ときに省略があったり、変形が加えられたり、誇張されたりすることがある。永島春暁は「東京名勝国会議事堂会議之図」（図Ⅲ-4）において、タイバーを省略したのに対して、梅寿国利が描いた「国会議事之図」（図Ⅲ-3）では、タイバーが太く黒々と描かれているため相当目立っている。それだけに、国利にとって、この部材は好奇心を誘う見慣れないものであったと見てよいのではないだろうか。写真からは窺えない、絵画ならではの面白さである。

3-2 類例構法

筆者は先に、控梁（ひかえばり）、斜柱（しゃちゅう）という現在では聞き慣れない言葉を用いて「大日本帝国議会開院式場之図」以下の小屋組を説明した。

この控梁と斜柱は、明治時代に滝大吉（1861～1902）、三橋四郎（1867～1915）などが洋小屋技法のひとつとして紹介した「ドイツ小屋」で用いていた部材名称である（図Ⅲ-5）[4]。ここでは部位を判別できればよいので、それに倣うこととする。

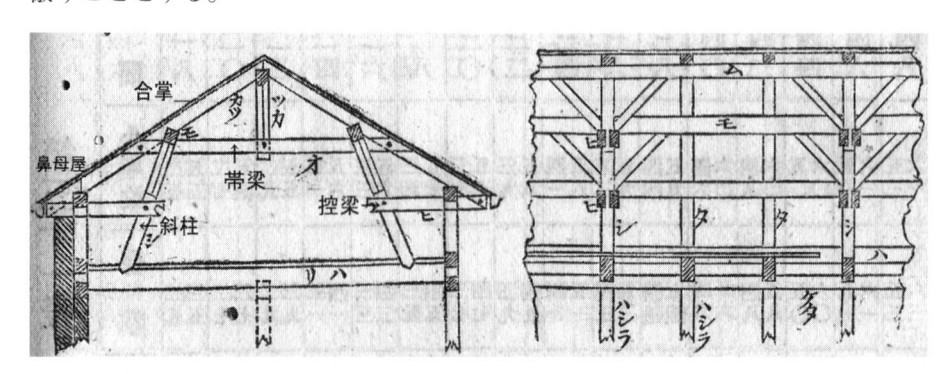

Ⅲ-5 滝大吉によるドイツ小屋の図解

― 40 ―

では、ドイツ小屋とは何か。滝大吉著『建築学講義録』(明治29年)では「独逸小屋」として、三橋四郎著『和洋改良大建築学』(明治37年)では「独逸式小屋」として紹介されている。なお時代は下って、大正時代に『建築科講義録』(大正8年頃)に収められた「西洋家屋構造 全」で、著者の出浦高介は「独逸式小屋」として紹介しているが[5]、建築関連の辞書にはこの用語は見当たらない。結局、ドイツ小屋は用語として定着せず、今や死語になっているのである。

　ここでは、滝大吉の著作にあるドイツ小屋を図解した図Ⅲ-5で説明する。合掌の両端にある鼻母屋は、束の上にのり、陸梁と鼻母屋との間に距離を置いている。小屋裏を広く使用するためであるが、これを半小屋裏と呼ぶ[6]。母屋は斜柱によって支えられ、その斜柱は控梁に挟まれて固定される。さらに、母屋は斜柱から分岐した桁行方杖で補強される。母屋の下には両側の合掌を固定する帯梁が走り、この帯梁は中央で真束を挟む。真束からも桁行方杖が出て、棟木を支える。控梁と帯梁は合せ梁であり、それぞれ他の部材との接合点はボルト締めされている。このように、ドイツ小屋は合掌(垂木)を母屋と棟木で支える母屋組[6]で、束、斜柱、帯梁、控梁を組み合わせて構成される技法である。

　次に事例を上げてみる。例えば、仮議事堂の竣工時に工事中であった建物に法務省旧本館(旧司法省、1888〜1895)があり、エンデ＆ベックマン建築事務所のリヒャルト・ゼール(1854〜1922)が設計を担当した。その中央棟の小屋組は3層からなり、垂木(合掌)を母屋で受けている。母屋は束と斜柱で支えられ、斜柱と束を控梁と帯梁で挟んで固定している(図Ⅲ-6)。

　また、同旧本館の翼部小屋組(図Ⅲ-7)は、棟木と母屋を束で支持し、合掌を帯梁(合せ梁)で固定している例となる。なお、翼部の小屋組は2間半ごとに入り、垂木の間隔は半間である。

　法務省旧本館以外では、ドイツ小屋は旧青木周蔵那須別邸(1888年：設計 松ヶ崎萬長、図Ⅲ-8)、同志社クラーク記念館(1892〜1893年：設計 リヒャルト・ゼール)、千葉教会堂(1895年：設計 リヒャルト・ゼール)、旧トーマス邸(1904年：設計 デ・ラランデ)さらに時代を下って日本酸素記念館(1911年、1999年取壊し：設計者不詳、図Ⅲ-9)などで用いられた[7]。

　最後の日本酸素記念館(旧日本酸素株式会社大崎工場、東京都品川区)は陸梁をもたない小屋組であり、控梁(成118)で固定された斜柱(126×114)が母屋(成200)を支え、帯梁(成178)が合掌(120×120)ならびに斜柱を挟んで構成され

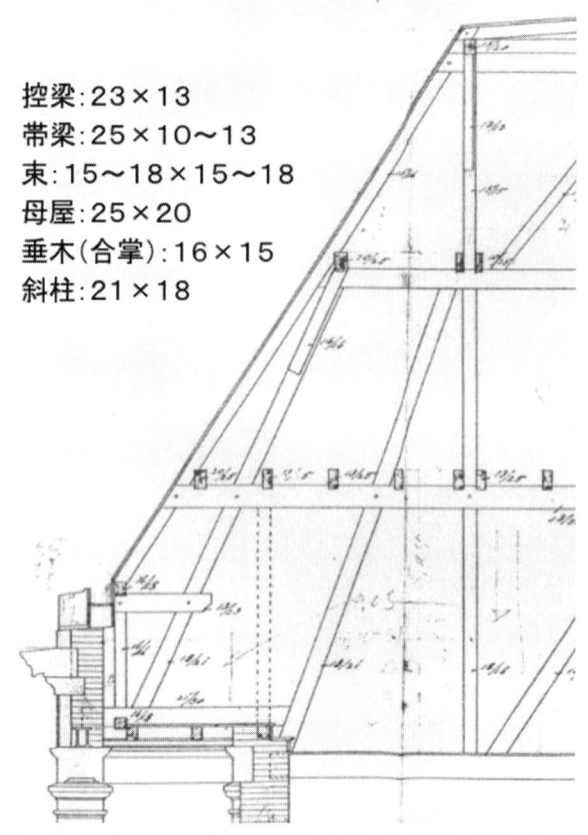

控梁:23×13
帯梁:25×10〜13
束:15〜18×15〜18
母屋:25×20
垂木(合掌):16×15
斜柱:21×18

Ⅲ-6　法務省旧本館（旧司法省庁舎）中央棟架構図（部分）

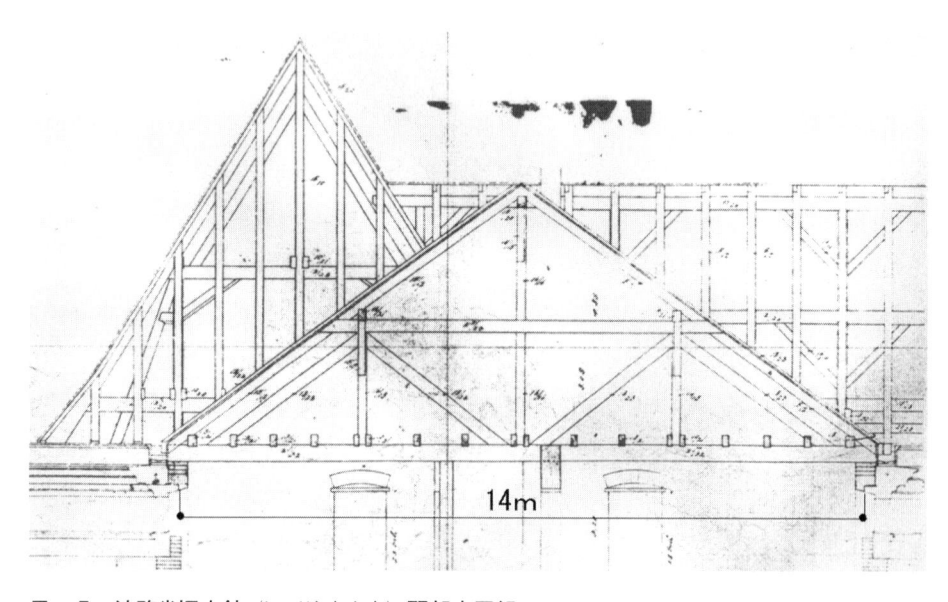

14m

Ⅲ-7　法務省旧本館（旧司法省庁舎）翼部小屋組

Ⅲ-8　旧青木周蔵那須別邸・中央棟小屋裏

Ⅲ-9　日本酸素記念館（旧日本酸素株式会社大崎工場）

ていた（括弧内は断面寸法、mm）。

　なお、松ヶ崎萬長（1858～1921）[8]は、ヘルマン・エンデが教授をしていたベルリン工科大学で建築を学び、明治17（1884）年の帰国後は、官庁集中計画を実現するために設置された臨時建築局の工事部長を務めた。リヒャルト・ゼールはエンデ＆ベックマン建築事務所の所員で、主として司法省の工事監督として従事した後、帰国せずに、横浜に設計事務所を開設して建築活動を続けた。

3－3　ドイツにおける母屋組架構

　滝大吉はドイツ小屋の紹介に際して、どの文献を参照したかは不明であるが、三橋四郎はクラウトとマイヤーが編集した『大工と細工仕事』（1893年刊）を参照して[9]、自身の『和洋改良大建築学（中）』に同じ図版を用いている（図Ⅲ-10）。

— 43 —

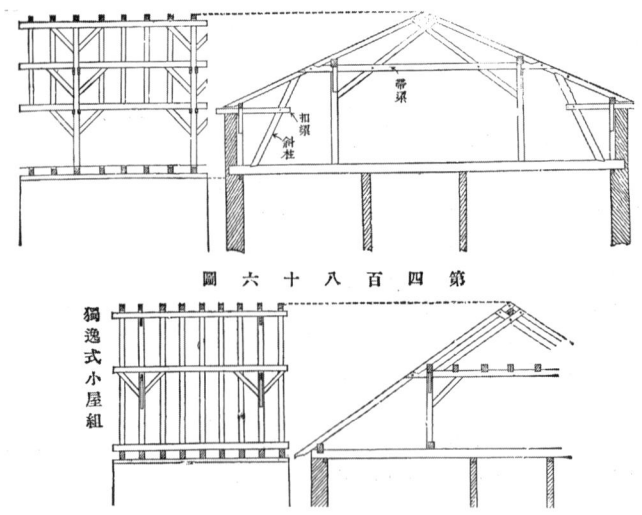

Ⅲ-10 三橋四郎が紹介したドイツ小屋

　クラウトとマイヤーは小屋組を、母屋を束で受けるもの、母屋を斜柱で受けるもの、半小屋裏をもち母屋を束で受けるもの、同母屋を斜柱で受けるもの、トラス小屋組、同変形の6つに分類している。

　やや時代は下るが、同書の他に母屋組を細分化して分類したのがフランツ・シュターデ（1855～1942）、アドルフ・オプデルベッケらである[10]。ここでは、より系統立てて分類しているシュターデの文献によることにする。

　シュターデは母屋組屋根を半小屋裏の有無で分け、それぞれ母屋を束で受けるもの（束の本数でも区分）、母屋を斜柱で受けるもの、母屋を束と斜柱の双方で受けるものに細分している。例えば図Ⅲ-11は、半小屋裏をもち、母屋を束と斜柱で受けている小屋組となる。

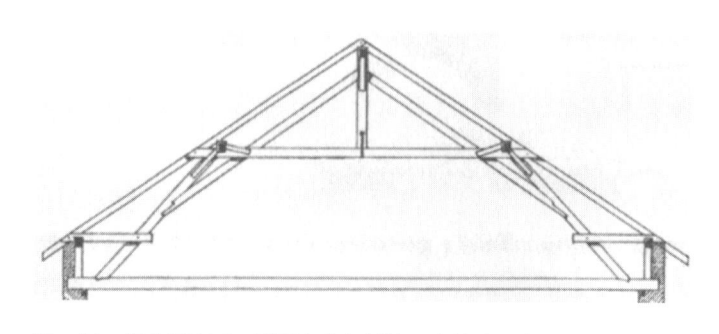

Ⅲ-11　半小屋裏で、母屋を束と斜柱で支持する小屋組

シュターデが分類する小屋組において注目すべきは、母屋と母屋の間隔に上限を与えていることである。具体的に数値を紹介すると、シュターデによれば、棟木から鼻母屋（軒桁）までの垂木（合掌）の長さが4.5m以上の場合は母屋が必要で、母屋と鼻母屋（軒桁）、母屋と棟木の間の垂木（合掌）の長さは、それぞれ4.5mを限度とする。

3－4 ドイツにおける類例建築

タイバー、控梁、斜柱などを手掛かりに、ドイツにおける1880年代と1890年代の建築例を調査したところ、『木構造』（1900年刊）の「ホールの架構」という節に類例を見出すことができた[11]。

「ホールの架構」の冒頭には「大祝賀会や展覧会などを開催するために、しばしば大規模なホール建築が必要である。それらは即席の建物として建てられ、使用後は取り壊される」と書かれている[12]。

次に同書に掲載された類例から2件を紹介する[13]。

a) ハイデルベルク大学500周年祝典会場

1886年、同大学創立500周年の祝典会場としてJ.ドゥルムによって設計された（図Ⅲ－12）。同会場はバシリカ式教会堂に似て、中央ホールは24mの幅で18mの高さをもつ身廊と幅8mの側廊からなり、床面積は4,800㎡あった。収容人数は約5千人が見込まれ、4ヵ月の工期で建てられた。建物は約1ヵ月使用されて壊されたという。

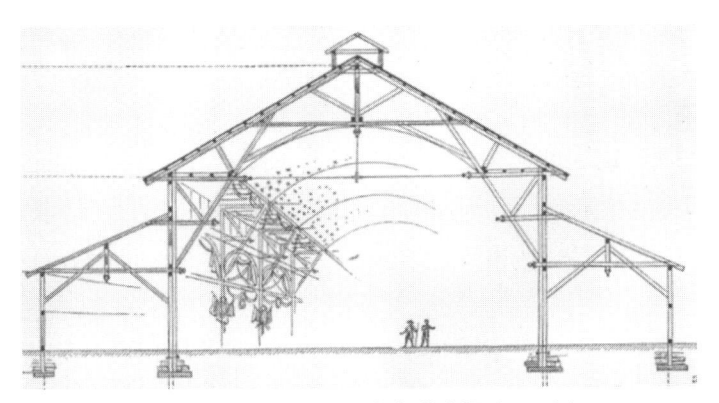

Ⅲ－12　ハイデルベルク大学500周年祝典会場（1886年）

小屋組は、軒桁から張り出した控梁、合掌、合掌を水平方向で固定する帯梁、帯梁と斜柱で固定された母屋によって構成される。控梁の先端から水平にタイ

バーが渡され、それを真束から出ている垂直材で吊っている。屋根葺き材は不明であるが、控梁の先端から円弧状の曲面天井はクロス張りであった。なお、屋根は図面から採寸して5寸8分勾配であった。

b）第10回ドイツ連邦射撃大会祝典会場（ベルリン）

1890年、クレマー＆ヴォルフェンシュタインにより設計された（図Ⅲ-13）。

Ⅲ-13　第10回ドイツ連邦射撃大会祝典会場（ベルリン，1890年）

同会場もバシリカ式教会堂に似た3廊式で、建物全体の幅は36m、長さは150mに及んだ。吹抜けの中央ホールは24mの幅に、17mの高さである。

小屋組は、合掌、控梁、帯梁、2本の斜柱からなり、両側壁からタイバーを渡してそれを3本の垂直材で吊っている。屋根はテント用の防水亜麻布を用いて葺かれたという。小屋組に沿って曲面天井が張られているように見えるが、それはアーチ状の花綱飾りであり、小屋組自体は露出していた。なお、屋根勾配は図面から採寸して3寸7分であった。

3-5　仮議事堂議場の小屋組

さて、いよいよ議場小屋組の復元を試みていくが、まず、仮議事堂関連の1枚の小屋組架構図を紹介したい（図Ⅲ-14）。この図面は「大架屋根組」と称され、日本建築学会図書館の妻木文庫に収められている。妻木文庫とは、妻木頼黄の没後に遺族から寄贈された蔵書のことで、昭和6年作成の受入台帳がある。その後、この台帳に基づいて整理しなおされ、『建築雑誌』にその経緯ならびに収蔵一覧が掲載されている[14]。

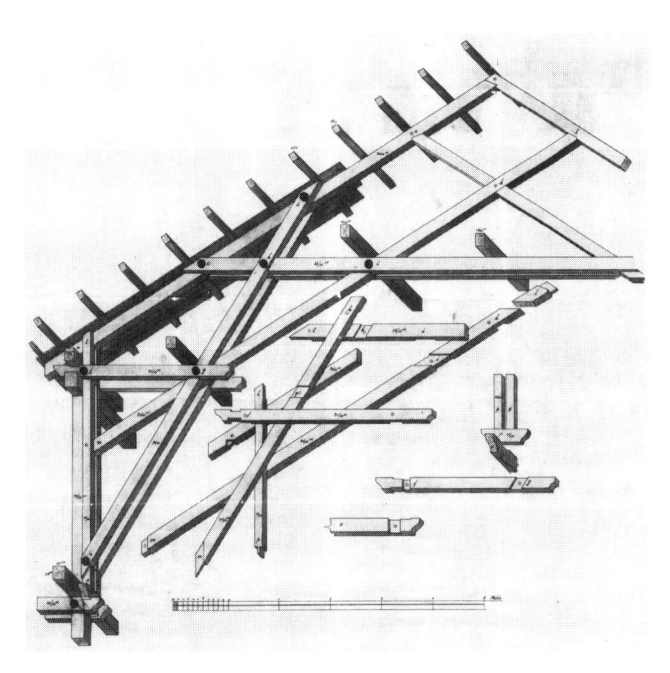

Ⅲ-14　初代仮議事堂議場の小屋組（大架屋根組）

　この大架屋根組は、妻木文庫の中では「大審院」、つまりエンデ&ベックマン設計の裁判所案の一つとして分類されていた。改めて鑑定してみると、裁判所ではなく初代仮議事堂の関連図面であることが判明した。

　本図面は、縦73横64cmの紙に縮尺20分の1で描かれる。柱をはじめとする部材は木材で、すべての部材にセンチメートル表示で寸法が入る（以下、括弧内はcm）。屋根は約6.3寸勾配で、梁間は内法で約16mである。合掌（20×15）と平行に材が入り、鋏組とする。これらを水平方向で帯梁（24×15）が挟んでいる。さらに、合掌は斜柱（20×15）で補強され、この斜柱は軒桁から張り出した控梁（20×15）で挟まれる。なお、接合部はボルト締めされる。

　同図面が大審院に分類された理由は不明であるが、仮に大審院で該当する箇所を上げれば中央の大階段室上の屋根となろうが、この塔屋部分の内法は約8mで、スケール的に一致しない。

　初代仮議事堂案の議場の小屋組の梁間は、52.5尺（＝15.91m）で、この「大架屋根組」とほぼ同じである。では、この架構図で実施されたのであろうか。

　初代仮議事堂竣工後の議場内を見上げた写真（図Ⅲ-1）を再度ご覧いただきたい。軒桁から張り出した控梁、それを支える斜柱、そして柱がつくる三角

形の内側にはさらに2本の斜柱が描かれている。これに対して、大架屋根組は合掌と並行して入る斜柱は1本で、構法上は合致しない。

3-6 議場小屋組の復元

仮議事堂議場の小屋組の復元に当って、梁間寸法と屋根勾配を決める必要がある。第2章で検討した仮議事堂第2案の1階平面図には、各部屋の内法寸法が記入されている。そこから寸法を求めると、議場の小屋組が架かる梁間は52.5尺（＝15.91m）、同桁行は81尺5寸（＝24.70m）であった。

次に屋根勾配については、株式会社大林組は、仮議事堂の創建時の外観写真から立面図の復元を行っているので[15]、その外観写真ならびに復元立面図から採寸すると、屋根はほぼ6寸5分勾配であった。

この梁間寸法と屋根勾配から小屋組を作図すると、棟木から鼻母屋（軒桁）までの長さは約9.6mとなった。母屋がひとつの場合、棟木・母屋間、母屋・鼻母屋（軒桁）間は4.8mとなる。シュターデは棟木・母屋間の最大寸法を4.5mとしているので、それに倣うと母屋は2ヵ所必要になる。

そこで母屋を合掌に対して等間隔に2ヵ所設け、それぞれを斜柱で支持していると仮定した。その際2本の斜柱を平行に配置した。

次に斜柱と合掌を固定するために、ドイツ小屋の架構法に則って控梁と帯梁を合せ梁とした。棟木に近い母屋の下に入る帯梁の位置が、円筒状の天井の上限となる。さらに、斜柱と真束にそれぞれ桁行方向に方杖を付けて作図したのが図Ⅲ-15である（図の破線は天井面を示す）。

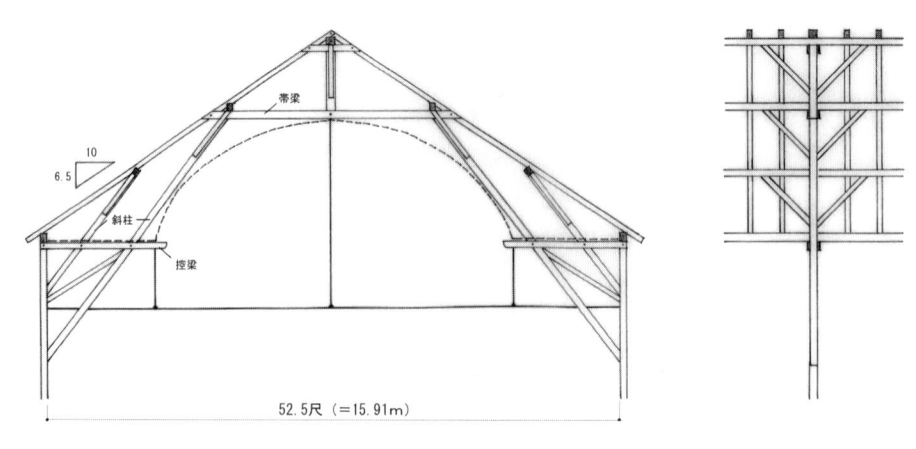

Ⅲ-15 初代仮議事堂の小屋組復元架構図

一方、桁行方向については、議場内の小屋組は窓と窓の間の計6ヵ所に入っている。桁行の内法寸法81.5尺に壁厚（0.5尺）を加えてメートルに換算すると、小屋組は3.55mごとに組まれていたことになる。小屋組は2間間隔で入っていたと考えてよいであろう。

　作図して、控梁と2本の斜柱がつくる小屋組は、議場内写真（図Ⅲ-1）ならびに「大日本帝国議会開院式場之図」（図Ⅲ-2）に描かれたそれとほぼ同じ造りになることがわかる。つまり、図Ⅲ-2は構法上可能な架構を示していたのである。

　ところで、本章第1節において、控梁、斜柱、そして柱にはいずれも部材中央に割れ目があるので、二つ割の部材を使用した可能性のあることを指摘しておいた。「大架屋根組」（図Ⅲ-14）に見られるように、各部材は2本一組で構成されていたと考えてよいだろう。なお、部材寸法は法務省旧本館（図Ⅲ-6）を参考にし、垂木の間隔も旧本館（図Ⅲ-7）に倣って半間とした。

　以上の考察に基づいて、縮尺50分の1の模型を製作した（図Ⅲ-16, 17）。

Ⅲ-16　初代仮議事堂の議場小屋組

Ⅲ－17　初代仮議事堂の議場内部（縮尺50分の1，平成18年 堀内正昭研究室製作）

結　語

　このように同時代の写真、絵画資料ならびに類例建築から、初代国会仮議事堂の小屋組は、当時わが国で「ドイツ小屋」と呼ばれていた技法を用いて、それをタイバーで補強した混合構造で造られていたと考えられる。本章で取り上げた絵画資料では、「大日本帝国議会開院式場之図」（図Ⅲ－2）の小屋組が実態に近いものであった。

　仮議事堂の構法は、同時代のドイツに建てられた祝典会場のそれに類似していた。ただし、ドイツの祝典会場は会期終了後に取り壊された仮設建築であったのに対して、仮議事堂は本議事堂が建設されるまでその役割を全うするはずだったので、同列に扱うわけにはいかない。双方の類似性は、規模の大きな空間を造るために、木材と鉄の混合構造を用いるという共通した架構法であったことに起因しよう。

註

1）　株式会社大林組編著：「第一次国会議事堂　議会政治のシンボル」,『復元と構想　歴史から未来へ』所収,（東京書籍, 1986）, pp.132-141

2）　営繕管財局編集：『帝国議会議事堂建築報告書』（昭和13年）

3）　仮議事堂の小屋組の一部が描かれた絵画資料はほかにもあるが、本稿で取り上げた例との差異は無い。

4）　滝大吉：『建築学講義録 巻之二』, 建築書院, 1896, pp.214-218
　　　三橋四郎：『和洋改良大建築学（中）』, 大倉書店, 1921（第13版, 初版は1904年）, pp.521-524

5）　出浦高介：「西洋家屋構造 全」（『建築科講義録』, 帝国工業教育会, pp.29-31　所収）
本書に奥付はなく年代不詳であるが、同書に収録された「日本家屋構造 全」の著者は古塚正治（宮内省技手　早稲田工学士という肩書で執筆）とある。古塚は早稲田大学を大正4（1915）年卒業し、宮内省では大正7年から同9年まで技手であったので、『建築科講義録』は大正8年頃に出版されたのであろう。

6）　半小屋裏ならびに母屋組の呼称は次の文献による。太田邦夫：『東ヨーロッパの木造建築－架構形式の比較研究』（相模書房, 1988）

7）　法務省旧本館、旧青木周蔵那須別邸、日本酸素記念館の小屋組については、次の文献を参照。堀内正昭：「ドイツの母屋組屋根から見たわが国のドイツ小屋に関する

研究」，日本建築学会計画系論文集 第542号，2001.4, pp.221-227. 堀内正昭:「日本酸素記念館（明治44年）の構法ならびに復原的考察」，1999年度日本建築学会関東支部研究報告集，pp.565-568. 千葉教会については、山田利行・堀内正昭:「日本基督教団千葉教会教会堂の小屋組と意匠に関する考察 R．ゼール研究 その2」，2002年度日本建築学会大会講演梗概集, pp.349-350

8) ドイツ時代の松ヶ崎萬長については、岡田義治，磯 忍：『青木農場と青木周蔵那須別邸』随想舎，2001, pp.130-137

9) Krauth, T., Meyer, F.S. (eds.): Die Bau-und Kunstzimmerei, Verlag von E.A. Seemann, Leipzig, 1895（初版は1893，再版1994), pp.130-152

10) Stade, Franz (ed.): Die Schule des Bautechnikers 13.Band: Holzkonstruktionen, Verlag von Schäfer Moritz, Leipzig, 1904（再版1997). Opderbecke, Adolf: Das Holzbau-Buch, Verlag Th. Schäfer, Hannover, 1909（再版1995）

11) Warth, Otto: Die Konstruktionen in Holz, in: Allgemeine Baukonstruktions-lehre, Band Ⅱ, J. M. Gebhardt's Verlag, Leipzig 1900. 同書は『一般建築構造学』と名付けられたシリーズの1巻（他に鉄骨構造、石造、混合構造）で第6版のリプリントである。『鉄骨構造』が1890年に刊行されていることから、仮議事堂と同時代とみなしてよい。

12) Ibid., p.226

13) ハイデルベルク大学500周年祝典会場についてはIbid., pp.228-229，第10回ドイツ連邦射撃大会祝典会場についてはIbid., pp.230-231

14) 『建築雑誌』Vol.99, No.1216, 1984.1, pp.87-95

15) 株式会社大林組編著：『復元と構想 歴史から未来へ』（前掲書）

第4章　中央棟八角塔の復元

　第2章において、初代仮議事堂第1案から実施までの経過を明らかにした。その際、中央棟のホールは八角形の平面をもち、その上に塔の建設が予定されていたことが図面から読み取れた。実際には、塔は建設には至らなかったが、この塔を復元するに足る図面が存在していたことがわかった。

　この図面は、第3章（46－47頁）において考察したように、日本建築学会図書館にある妻木文庫に「大架屋根組」とともに収められている図面であり、同じくエンデ＆ベックマン設計の大審院関連の「丸屋根伏図」として分類されていた（図Ⅳ－1）。

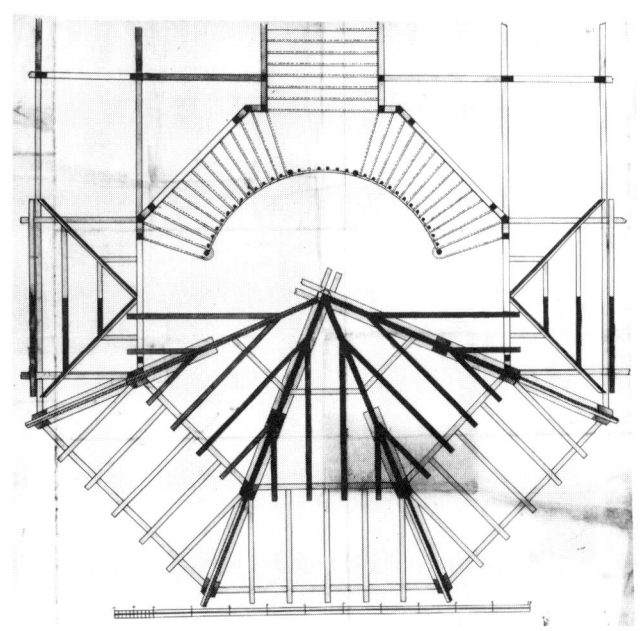

Ⅳ－1　丸屋根伏図

　しかし、この丸屋根伏図は大審院とは合致する箇所はなく、初代仮議事堂の関連図面であるとの確証を得たので、中央棟の復元の手掛かりとする。

4－1　「丸屋根伏図」について

　本図面は、縦82cm×横83cmの紙に縮尺20分の1で描かれる。中央に八角形平面をもつ吹抜けのホールがあり、その奥に二股の階段を上がると、踊場からさらに奥に上がっていく階段が途中まで描かれる。八角塔を構成する垂木、その周囲の下屋まわりの垂木のほか、合せ梁の帯梁と控梁、母屋などが書き込ま

れている。

　階段室の吹抜け部分の梁間は、内法で約9.6mである。同図面と類似するのが、初代仮議事堂の中央棟のホールで、階段室の形状はやや異なるものの、諸室の配列は酷似する（図Ⅳ-2）。また、仮議事堂の同箇所の梁間は32尺（＝9.7m）で、スケール的にほぼ一致する。

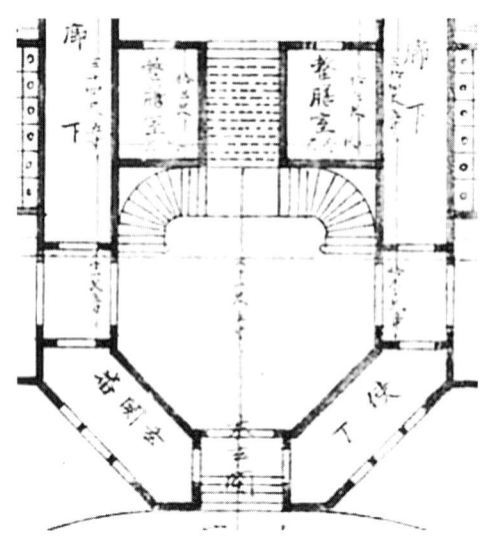

Ⅳ-2　初代仮議事堂・中央棟のホール

4-2　丸屋根伏図の架構について

　この伏図に基づいて立体的な架構を復元していくには、立面図が必要となる。

Ⅳ-3　初代仮議事堂・立面図（「東京朝日新聞」附録，Ⅱ-8を拡大）

初代仮議事堂案を伝える「東京朝日新聞」附録の立面図は（図Ⅳ-3）、スケッチ程度のもので図面としての正確さに欠けるが、同立面図が示す形態は「丸屋根伏図」と酷似している。

そこで、この立面図を参考にしながら、丸屋根伏図における各種部材の接合の仕方を解明していく。

この伏図の中央は、二股に分かれる階段ならびに踊場のところで八角形をつくっている。そのうち前方の3辺に小屋組の記入があり、その他は省略されている。まず、1階の屋根については、八角形の1辺につき、各辺の両端から中心に向かって架けられた垂木が2本、その両端の垂木の間には、5本の垂木が入っている。また、両端の垂木を合せ梁が挟んでいる。

次に2階については、八角形の1辺につき、両端の垂木、その間に4本の垂木が数えられる。ただ、合せ梁は各辺の両端にはなく、一つ置きに入り、そのまま対面する反対側に伸びている。つまり、八角形のなかに十字に合せ梁が組み込まれている。その部材の性格上、これは帯梁と称してよい。さらに2階の屋根には垂木を支える母屋が各辺に1本入っている。

以上のことを勘案して、さらに参考にした立面図から勾配ならびに高さを採用して作成したのが図Ⅳ-4であり、それに基づいて製作したのが図Ⅳ-5、図Ⅳ-6の模型である。

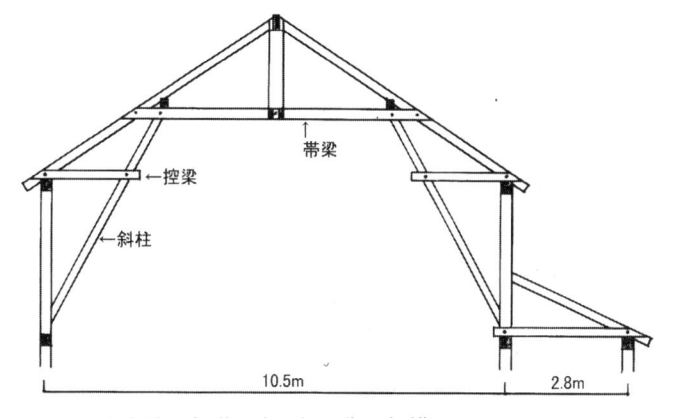

Ⅳ-4 中央棟八角塔の小屋組・復元架構図

Ⅳ-5　中央棟八角塔の小屋組・復元模型

Ⅳ-6　同・復元模型

結　語

　このように、復元した中央棟の八角塔はドイツ小屋の構法で造られていた。

　建物が当初の設計通りに造られないのは、起こりがちなことである。初代仮議事堂の場合、この中央棟の八角塔は、建物全体の構成上重要な部分でありながら、結果的に実現しなかった。着工当時に構想されていたままにこの八角塔が造られていたとしたら、どのような光景が現れたのかを、「大阪公論」の平面図（図Ⅱ－9）を見ながら想像してみたい。

　人は、玄関前に張り出した車寄せを少し登りながら玄関口に至る。その戸口からは細長い廊下があり、まわりは壁なのでやや薄暗い。その先にはおそらく両開きのドアが付いていたであろう。そのドアを開けると、いきなり吹抜けの空間が出現する。思わず見上げた視線を戻すと、その先には左右のどちらからでも上がることのできる二股の階段があり、それは大きく弧を描いて、上階の踊場へと再び視線をいざなう。晴れた日であれば、八角塔の上方の窓から光が注ぎ込んだ...。決して大きくはないが、実に見応えのある印象的な場となっていたことであろう。

第5章　屋根葺き材ならびに外壁仕上げについて

　第3章と4章では、初代仮議事堂の議場ならびに中央棟に予定されていた八角塔小屋組の復元を試みてきた。では、この仮議事堂に架けられた屋根の葺き材は何で、どのような屋根形状をしていたのか。本章では、まず屋根葺き材から検討し、最後に外壁仕上げについて述べたい。

　すでに、初代国会仮議事堂の外観写真を紹介したが（図Ⅰ-1）、もう1枚、仮議事堂を衆議院の方から撮影した写真がある（図Ⅴ-1）。どちらも、目視では葺き材までは判別できない。

Ⅴ-1　初代仮議事堂・外観（衆議院の方から撮影した写真）

　初代仮議事堂の屋根葺き材に関する日独の文献を調査したところ、両国で記述が異なっていた。日本の資料ではスレート、ドイツの資料ではアスファルト・ルーフィングが用いられていたというのである。

　しかしながら、再度図Ⅴ-1を見ると、隅棟に丸瓦のような形状のものが使われ、軒先には、丸みを帯びた凹凸が付いていることがわかる。このことから、瓦葺きであった可能性も否定できないのである。まずは、日独の資料から検討してみる。

5－1　屋根葺き材に関する日独の資料

　日本側の資料としては、『明治工業史』に、「帰国後彼等の中特に即効を奏せし者はスレート職にして、仮議院建築屋根工事中暴風雨に際会せしが、スレート一枚の飛散もなく大に声価を揚げたり」[1]という記述を見出すことができる。また、新聞記事に次の記述がある。

　「明治二十三年七月一日降りみ降らずみ入梅の空湿りがちなる頃ながら、日本最初の国会議員すぐつて茲に三百名撰び出すべき吉日とて（略）内幸町に名も高き仮国会議事堂は建築大方成るを告げ（略）我国古今未曾有なる国会こゝに開かれて、今日撰びたる国会議員（略）スレート葺に降る雨の音も静けき議事堂を、ガヤ〰〰と訳もなく殺風景になることかと考ふれば又哀れなり（略）当日雨中の議事堂見に行きし一奇人より投書」[2]

　どちらも、スレート葺きと明記している。ただし、スレートとしても、それが天然スレートなのか人工のものなのかまでは判明しない。

　天然スレートは、すでに西洋館の屋根を中心に用いられていたので、その可能性は十分にある。では、屋根材としてよく用いられた石綿スレートについてはどうか。石綿スレートは明治33（1900）年オーストリアで発明され、わが国へは明治37（1904）年頃から輸入されたという。そして国産品としては、大正3（1914）年に浅野スレートの東京工場で生産されたのが嚆矢とされる[3]。したがって、石綿スレートの可能性はない。

　一方、「ドイツ建築新聞」（1891年3月14日付）にわが国の国会議事堂関連の記事が掲載されている。以下、該当する箇所を引用する。

　仮議事堂の「仕上げ（木造）に当っては、建築家アドルフ・シュテークミュラーの監督下に、屋根の形態はさらに簡略化され、アスファルト・ルーフィングで葺かれた。この建物は世間一般の喝采を得たが、5週間足らず使用しただけで、電燈に起因する失火で、残念ながら1891年1月19日に焼失してしまった。」[4]

　「ドイツ建築新聞」のこの記事は、わが国の国会議事堂の原案から和洋折衷案、そして仮議事堂に至る顛末を記述したもので、同時期の貴重な証言となる。同引用文でアスファルト・ルーフィングと訳した原文はPappendeckungで、この言葉自体は、厚紙で葺くという意味となる。ドイツ語ではDachpappe（屋根紙）という言い方をするが、それは、アスファルト（あるいはコールタール）を浸透させた防水紙のことである。わが国では、アスファルト・ルーフィング（ある

いは単にルーフィング)と呼んでいるものである。

　明治期におけるアスファルト・ルーフィングについては、『アスファルトルーフィングのルーツを探ねて』に詳細な記述がある。同書によれば、明治22(1889)年頃は、まだアスファルト・ルーフィングは造られておらず、この頃は防湿材のアスファルトフェルトが屋根葺きに使用されていたこと、その際フェルトは輸入品であったらしいこと、そして、フェルトの代用として、紙を用いた国産の「紙瓦」が明治25(1892)年に特許出願されたことが書かれている[5]。さらに、「舶来のルーフィングは明治22年に穴原商会が取り扱い始めている」[6]ので、仮議事堂へのルーフィングの使用は外国産のものであれば可能だったことになる。

　「ドイツ建築新聞」は、初代仮議事堂に関する後日談を書いているので、記述の誤りと済ますわけにはいかない。そこで、ドイツにおけるルーフィングについて紹介する。

5-2　ドイツにおけるルーフィング

　『屋根葺き職人と板金工』(1901年刊)によれば[7]、タール厚紙(Teerpappe)は、18世紀にスウェーデンにおいて発明され、同国とフィンランドにおいて使用されていたという。ドイツでは、ダフィット・ジリーがルーフィングの重要性を認識して、その著作を通じて一般に広めようとしたが、19世紀初期の動乱や政治的状況からルーフィングの製造は長らく行われなかった。1842年頃、後に会社を起こすブッシャーがスウェーデンに赴いて技術を習得し、その後エバースヴァルデに最初の工場を設立したとされる。したがって、ドイツにおけるルーフィングの使用は19世紀半ばから始まったと考えてよいであろう。

　ルーフィングの種類については、フェルトにコールタールを浸透させたもの、コールタールとアスファルトの混合剤を浸透させたもの、アスファルトの代わりに、トウヒ樹脂、松脂、ロジンなどを混合したものを浸透させたものなどが製造されたという。なお、工場では幅1mのものが生産されていた。

　ルーフィングを用いる屋根勾配については、1寸勾配(10分の1)以下が望ましいとされた。その理由は、屋根の勾配が急なほど強風が当る反対側の屋根面の空気が希薄になり、その屋根面のルーフィングが持ち上げられたからだという。また、勾配が急なほど塗装剤が滴りやすく、屋根葺き職人にとっては、勾配の緩い屋根の方が作業がしやすいという利点があった。さらに勾配の急な

屋根では足場を組む必要があり、ルーフィングに穴を開け、足が滑ってそれを破損する可能性があったという。

野地板については、厚さ2.5cm以上の板を実矧ぎとする。実矧ぎのない板張りは、屋根窓から風が入ったとき、板の継ぎ目から風が抜けてルーフィングを膨らませ、持ち上げてしまうからである。また、実矧ぎをした板張りは板のたわみを防ぎ、屋根の上を歩く際のルーフィングの破損を防いだ。板の反りをできるだけ少なくするために板の幅は15cmを超えないものがよいとされた（図Ⅴ－2左）。ルーフィングの葺き方には次のような仕様があった。

a）押縁を用いない釘止め

棟と軒に平行にルーフィングを葺き、その葺き重ねには液状のコールタールを塗り、釘の頭が平坦な亜鉛製のものを約5cm間隔で打ち付ける。

b）押縁を用いた釘止め

押縁は三角形状の部材を用いる。その間隔は98cmで、押縁の2面にそれぞれ75cm間隔で釘止めする。

c）重ね葺き

重ね葺きする場合は、最初に葺いたルーフィングの上に垂直に針金を約1mの間隔で置き、それをスレート用の亜鉛製の釘で押さえられるように打ち付ける（図Ⅴ－2右）。

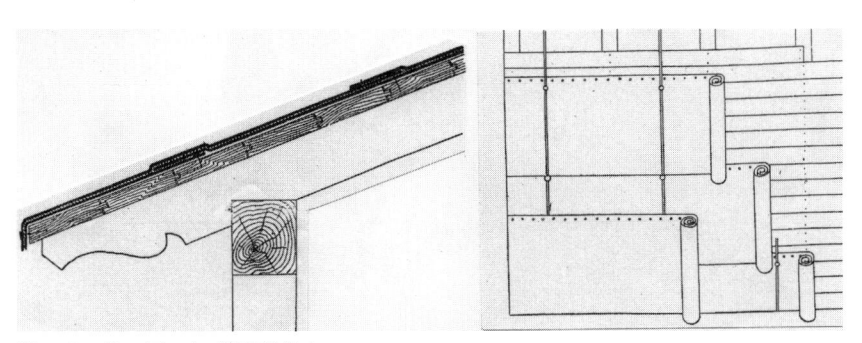

Ⅴ－2　ルーフィングの葺き方

5－3　ドイツにおける施工例

筆者は第3章3－4において、仮議事堂の議場小屋組を復元考察した際に、ドイツの類例建築に仮設の祝典会場があったことを書いた。それらの祝典会場のうち、少なくとも次の2例にルーフィングが用いられていた[8]。

第6回ドイツ体育祭祝典会場（図V－3: ドレスデン、1885年）
第7回ドイツ体育祭祝典会場（図V－4: ミュンヘン、1889年）

V－3　ドイツ体育祭祝典会場（ドレスデン，1885年）

V－4　ドイツ体育祭祝典会場（ミュンヘン，1889年）

　双方とも仮設の建物であり、前者（図V－3）は、ホールの梁間13m、棟木までの高さは16.5mで、その小屋組はアーチを描く下弦材をもつトラス梁でつくられ、タイバーで補強されていた。後者（図V－4）はホールの梁間25m、高さ17mで、小屋組は母屋、それを支持する斜柱、控梁、帯梁からなり、タイバーを渡していた。壁は板張りで、軒下は採光のために開けられてシャーティング

張り（平織りの綿布）とした。因みに、前者の屋根は1寸3分勾配、後者のそれはほぼ3寸勾配であった。

5－4　屋根葺き材は何であったか

　ドイツ側資料のように、ルーフィングが用いられたとすると、例えば仮議事堂における議場の屋根は6寸5分勾配なので、当時のドイツにおけるルーフィング仕様の建物と比べると勾配はかなり急である。

　ただ、仮議事堂の小屋組については同時代のドイツの祝典会場に酷似する例があったこと、その種の建築にルーフィングを用いた例があったこと、そしてわが国において時期的にルーフィング仕様が可能であったことから、仮議事堂の屋根葺き材にルーフィングが使用された可能性は否定できない。

　このように、初代仮議事堂の屋根葺き材についてはどちらの可能性もある。仮にドイツ側資料のようにルーフィングが用いられたとすれば、それが天然スレートと色合いが似ていることから、遠目に見ると分からなかったということになる。この場合は、ルーフィングを重ね葺きしたのであろう。

　それに対して、日本側資料のように、天然スレートで葺かれたとすれば、当初ルーフィングが想定されていたが、着工前あるいは工事の途中で（遅くとも明治23年3月以前）屋根葺き材の変更がなされたということになり、さらに建物が短期間で焼失したため、ドイツ側にその変更まで正確に伝わっていなかったということになる。

　この点について、ひとつ思い当たる節がある。第2章（31頁）にて「中外商業新報」による「（略）最初六ヶ年間使用の見込みなりしを、今度更に十五ヶ年間使用し得るよう、丈夫に建設する事となりたる」という記事を紹介した。明治22年3月以降に実施された増築の際に、屋根葺き材のことも検討され、耐久性のあるスレート葺きに換えたのかもしれない。

　では、瓦葺の可能性はないのか。日独の資料を一旦脇において外観写真を見れば、瓦葺であったと判断したくなる。さらに写真を吟味すると、議場まわりの下屋と議場の屋根の色合いが異なり、議場の屋根の方が色濃く写っていることがわかる。議場の屋根とそれ以外の屋根の葺き材は、実は違っていたのではないだろうか。

5－5　外壁仕上げについて

　初代仮議事堂の外壁仕上げについては、木造ということ以外に詳しく言及し

た資料は見出せなかった。外壁仕上げについては、第1章で紹介した図Ⅰ-7と図Ⅰ-8で板張りの表現がなされていた。板張りであることがはっきりするのは、図Ⅴ-1である。同図を見ると、横板の上下に太い筋が入っていることから、外壁は下見板張りである。

　では、それはいわゆる南京下見なのか、あるいはドイツ下見なのか。板を横に使って、板と板とを羽重ねにする南京下見（イギリス下見とも）に対して、ドイツ下見は、板の両端を合欠きにして、板と板の間に溝（箱目地）ができるように重ねる。光の射し具合で、どちらの張り方も板の合わせ目に影ができるので、遠目からでは判断が難しい。なお、南京下見では、羽重ねした横板が柱の側面に当たるところでジグザグの線となるが、これも写真からは見分けがつかない。

結　語

　初代仮議事堂の屋根葺き材については、屋根の色合いが異なる以上、2種類の葺き材が使われていたのではないだろうか。すなわち、議場の屋根は天然スレートあるいはアスファルト・ルーフィングで葺かれ、それ以外は瓦葺きであったとも考えられる。そして、この場合、日独の関連資料は議場の屋根葺き材のみを取り上げて言及していたのではないだろうか。なお、下見板張りについては、南京下見とドイツ下見のどちらの可能性もあり、断定するに至らなかった。

註
1）　工学会（編）:『明治工業史建築篇』1930（初版1927），p.189
2）　「時事新報」　第2704号（明治23年7月3日付），参照:『時事新報（明治前期編）9巻〜（3）』，龍渓書舎，1986，p.13
3）　中川孫一:「石綿スレートの起源と変遷」，大阪建設業協会編『建築もののはじめ考』所収，1974，pp.394-401
4）　Deutsche Entwürfe für japanische Monumental-Bauten I., in: Deutsche Bauzeitung, 1891, p.122
5）　日新工業株式会社（編）:『アスファルトルーフィングのルーツを探ねて』（非売品，鹿島出版会制作，1984），p.27
6）　前掲書，pp.80-81

7）Opderbecke, Adolf, Der Dachdecker und Bauklempner, Verlag von Bernh. Friedr. Voigt, Leipzig, 1904（再版1997）

8）参照。Warth, Otto: Die Konstruktionen in Holz, in: Allgemeine Baukonstruktios-lehre, Band 2, Leipzig, 1904（再版1997）

第6章　屋根形状について

本研究の最後に、初代仮議事堂主屋の屋根形状について検討してみたい。

6－1　依拠する平面図と写真

参考資料として、衆議院憲政記念館所蔵の平面図（図Ⅱ－12）のほか、2枚の外観写真を使用する（図Ⅰ－1と図Ⅴ－1）。とくに、図Ⅴ－1は仮議事堂の側面の一部がわかる貴重な資料である。同写真を見ると、建物のまわりには資材が残り外構がまだ未整備な状況であるから、撮影時期は明治23年3月頃の建物の概成時であろうか。

6－2　中央棟の屋根

図Ⅵ－1は、初代仮議事堂の中央部を拡大したものである。同写真から、中央棟はその両側よりも壁を高くして突出させ、そこに寄棟屋根を付けていることがわかる。また、その寄棟屋根の棟は両側の屋根の棟と同じ高さであるように見える。

同箇所の2階平面図が図Ⅵ－2で、中央棟と議場棟の間には中庭があり、2つの棟で繋がれている。また、八角形のホールの背後に中庭が設けられている。中央棟の奥の2階には便殿（玉座）ならびに関連する3室があり、屋根形状は不明である。切妻あるいは寄棟のいずれかとなるが、ここでは中央棟正面に倣って寄棟屋根とした。

なお、中央棟2階には皇族用便所兼給仕室が3つずつ中庭側に張り出してい

Ⅵ－1　中央棟の拡大写真　　　　Ⅵ－2　中央棟・2階平面図

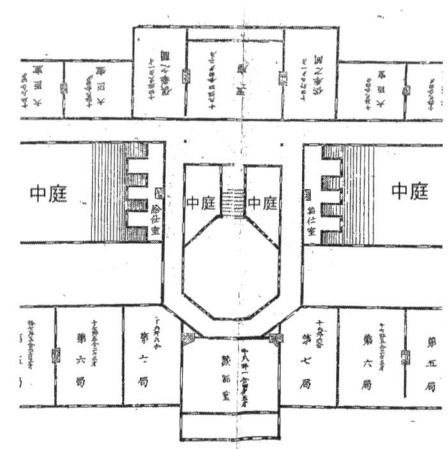

る。同箇所の張り出し幅は、奥の便殿を含む3室の横幅と同じなので、この寄棟屋根の下に収めることにした。

6-3 議場棟

両議場には切妻造りの屋根が架かる。この切妻屋根は2階平面図の柱列の上にあり、そこが外壁の位置となる。それに対して、議場周囲の下屋まわりはかなり複雑な屋根形状をしている。

そこで、同箇所の平面図（図Ⅵ-3）を参照しつつ、外観写真（図Ⅵ-4）に番号を付けて、ひとつひとつ検討していく。写真から、議場棟正面側の両端が張り出し、小さな寄棟屋根を別に付けていることがわかる。この寄棟は「くの字」に折れて議場の窓の下まで達している（図Ⅵ-4①）。また同図の②は、よく見ると議場から降りてきている雨樋であった。

次に同図の③は、煙突に達する隅棟であり、この煙突から左斜めにうっすらと線が入っている（図Ⅵ-4④）。この線を隅棟だとすると、図Ⅵ-4③と同じ形状になるはずだが、むしろ窪んでいるように見える。また、同箇所の平面図を見ると、部屋が連続しているのでここに隅棟を造る必要はない。では、この左斜めに入る線は何を意味しているのだろうか。

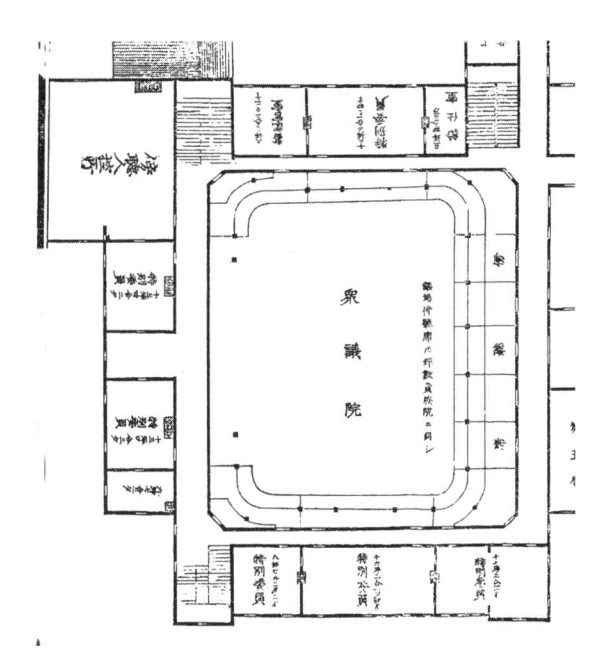

Ⅵ-3 議場棟・2階平面図

Ⅵ-4 議場棟・外観

　この線の左には屋根が続き、この屋根面は、議場の窓の下と下屋との境目を走る水平線（図Ⅵ-4⑥）よりも手前にある。つまり、同屋根面は連続しているのである。

　ところで、「東京名所国会議事堂」（図Ⅰ-10）と題された絵画は、写真とほぼ同じ角度から見た光景を描いている。この石版画は、窓の数ならびに縦長の形状、煙突の位置、隅棟を含め細部まで正確に写し取っている。この絵の左端に注目してみると（図Ⅵ-5）、写真と同じところにある煙突に隅棟と左斜めの線が確認できる。この線は壁面では垂直線となり、地上へと向かっている。では、この垂直線は何か。すでに述べたように、外壁は下見板張りであるが、この壁面は連続していて出隅あるいは入隅が出来ないので、下見板を止める柱は不要となる。したがって、雨樋と考えてよいであろう。

　では、改めて左斜めの線は何か。その線の左右の面は連続し、確かに議場側面の窓台の下にある壁面より前方にあることから、屋根形状を想定してみると、ここは陸屋根となってしまう。

Ⅵ－5　議場棟・外観：「東京名所国会議事堂」（部分）（石版画：明治23年10月16日印刷）

　例えば、第1章で見た「帝国国会議事堂之図」（図Ⅰ－9）でも、窓の数は不正確であるが、議場の側面は陸屋根のようになっている。陸屋根であれば雨仕舞を工夫しなければならない。そのことを念頭に、再度写真の該当箇所を検討してみる。

　煙突から議場の方向にある棟は、他の箇所に比べて黒々としている（図Ⅵ－4⑤）。この写真は天気の良い日に撮影したようで、影がはっきりと出ている。黒い帯は、煙突の影とも思われるが、他の箇所の陰影、日照の角度から、煙突の影としては長すぎる。煙突の左にある棟も、窓を隠すように黒い帯となっている。その形状から、パラペットではないかと仮定してみよう。この前提に立てば、煙突から左斜めの線は、陸屋根に緩やかな傾斜を付けて、パラペットの下から排水するために設けられた溝状の雨樋ということになる。斜めからの撮影なので、雨樋の端部が線のように見えていると思われる。さらに、パラペットと議場窓下の下屋との境目の水平線を比べると、パラペットの分だけ手前の棟が低くなっているように見える。緩やかではあるが、勾配があるということ

になる。

　なお、図Ⅵ－4④の線（雨樋）は、図Ⅵ－3の平面図では2つの「特別委員室」に挟まれた部屋に降りてくることになる。しかし、パラペットのところでは、煙突からは左に少し離れているだけなので、真っ直ぐではなく、斜めに降りてきていると思われる。

　次に、議場側面から張り出した奥の「傍聴人控所」について検討する。ここで、図Ⅰ－1の外観写真で改めて確認してみると、向かって右手の貴族院側に、棟らしきものが見える。その部分を拡大したのが図Ⅵ－6で、やや不鮮明であるが、煙突の周辺に2つの棟が認められる（同図①と②）。同図の①は煙突に達する隅棟であり、同図の②の位置は、その形状から「傍聴人控所」のある棟だと考えられる。

　そこで、議場側面の縮尺50分の1の模型を作成して、棟の重なり具合を検討することにした。むろん、創建時の写真を、現代のカメラで収めた写真と直接比較することは正確さを欠くであろうが、この模型（図Ⅵ－7）から、図Ⅵ－6と似たような棟の形ができることが確認された。

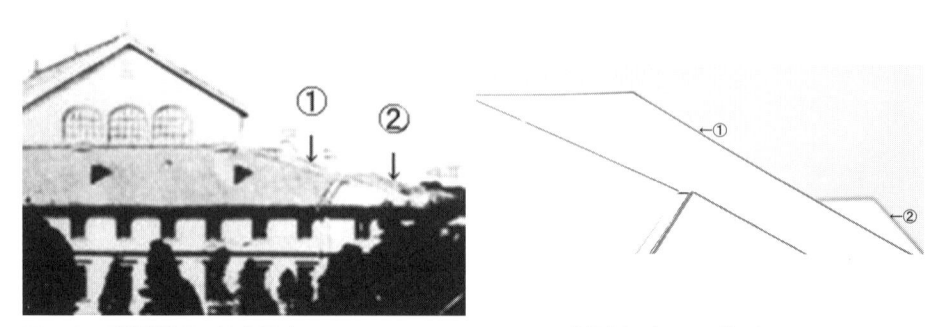

Ⅵ－6　議場側面の拡大写真　　　　Ⅵ－7　議場側面部分の模型（縮尺50分の1）

　なお、図Ⅵ－7の議場側面の増築部を切妻屋根としたが、そこを寄棟とすると、増築部より前にある棟に隠れてしまうことがわかった。

　以上の考察から起こしたのが図Ⅵ－8である。

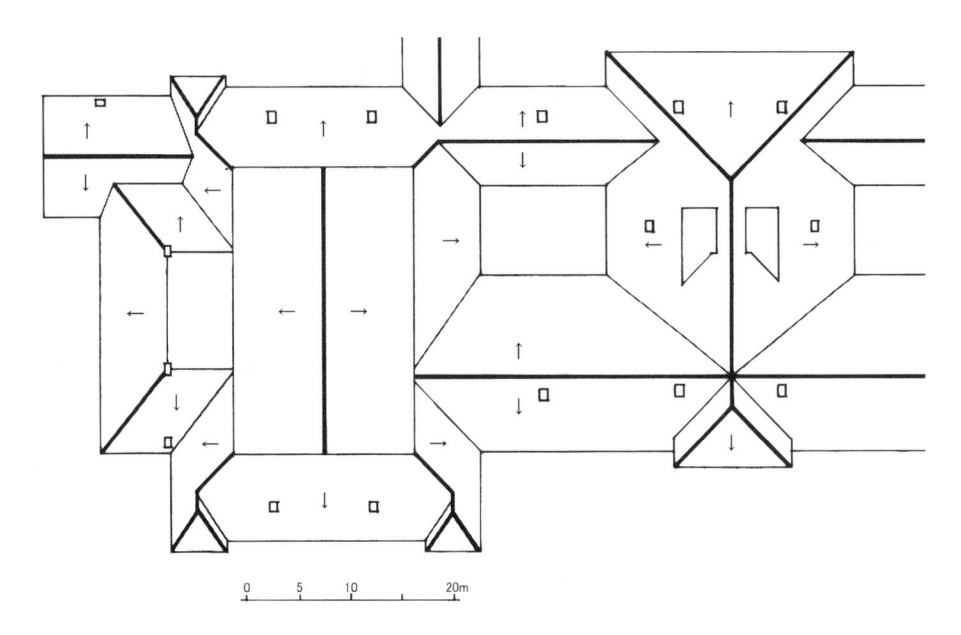

Ⅵ-8 初代仮議事堂・屋根形状

Ⅵ-9 「帝国議会貴衆両院内外の図」(「都新聞」第1770号附録,明治23年11月29日)

結　語

　関連資料から屋根形状の復元を試みた。とくに議場側面の収まりについて、そもそも、何故ここにパラペット付の勾配の緩やかな屋根を設ける必要があっ

たのだろうか。この屋根の直下は、議場内の議長席、大臣席が並ぶところである。例えば、「都新聞」の附録に掲載された「帝国議会貴衆両院内外の図」の議場内の絵を見ると、相当な吹抜けになっていたことがわかる（図Ⅵ－9）。しかし、2階の傍聴席と同じ天井高であり、その上の小屋裏をことさら広く取る必要はない。

　屋根裏を倉庫として使用するつもりだったのだろうか。今もって、納得できる答えを見出せていない。

おわりに

　筆者は長らく、日独における建築の交流史を研究してきた。その重要な担い手は、エンデ&ベックマンであった。上梓した『明治のお雇い建築家エンデ&ベックマン』では、ドイツに資料を求め、エンデとベックマンの生い立ち、経歴を明らかにし、建築作品を分析することを目的とし、その上で彼らの日本の業績を総合的に評価することを意図した。そのとき、初代仮議事堂については簡単な紹介をしたに過ぎなかった。

　初代仮議事堂の平面図が発見されたとき、筆者は、やり残した大きな課題があったことを再認識させられた。それを契機として、同仮議事堂の謎解きを自らに課すことにした。

　本研究の途上で、文献とともに絵画資料に目を通すことが多くなった。これら収集した絵画資料については、結果的には絵として愉しむことの方が多かったが、中には「大日本帝国国会開院式場之図」（図Ⅲ-2）や「東京名所国会議事堂」（図Ⅰ-10）のように、復元考察を進める上で直接役に立ったものが含まれていた。

　発見された初代仮議事堂の平面図には、ネオバロック様式による最初の国会議事堂案で示された構想が引き継がれていたこと、工事中に設計変更が行われたにせよ、着工に際しての実施図面であったこと、そして各部屋に寸法が記入されていたということに意義が見出せる。

　この平面図には要所に断面線が引かれているので、断面図はもとより、立面図を含んだ一式の設計図書が存在していたと思われる。いつの日にか他の図面が出てくるようなことがあれば、小屋組をはじめ謎はたちどころに氷解するかもしれない。しかし、最初から全図面が揃っていれば、これほど仮議事堂に深く入り込むことはなく、創建時の姿を復元するという愉しみを味わうこともなかったであろう。

　復元するという作業において、本書では初代仮議事堂の竣工時の姿を追い求めたが、一部八角塔という計画段階のものの復元を含んだものとなった。それは、国会議事堂原案から仮議事堂案へ、さらに完成するまでの紆余曲折する建物の成立過程への関心からである。言い換えれば、実現しなかった八角塔の図面を対象にしたのは、竣工後の建物の復元だけでは見落としてしまう「議事堂」

に寄せた当時の人々の想いを甦らせるためである。

　最後に、本書の主要な考察対象となったドイツ小屋について改めて考えてみたい。

　国会議事堂の建設は、明治期のわが国が欧米と肩を並べるためにどうしても必要なプロジェクトであった。大規模な吹抜けを有する議場は、仮議事堂という代替の建物であったとしても、当時の技術の粋が結晶したものであった。その議場空間を造ったのは、ドイツ小屋なる構法であり、竣工順では、旧青木周蔵那須別邸を最初期の例として、その後に主なものとして以下のような類例が続いた。それは、仮議事堂ならびにそれに関係した人々の影響力を物語る。

・旧青木周蔵那須別邸（設計：松ヶ崎萬長, 1888）
・法務省旧本館（旧司法省庁舎）（設計：エンデ＆ベックマン建築事務所, リヒャルト・ゼール, 1888〜1895）
・同志社クラーク記念館（設計：ゼール, 1892〜1893）
・千葉教会堂（設計：ゼール, 1895）
・旧トーマス邸（設計：デ・ラランデ, 1904）
・日本酸素記念館（旧日本酸素株式会社大崎工場：設計者不詳, 1911）

　ただし、ドイツ小屋といっても、わが国の「和小屋」に該当するような呼称は、本国ドイツにはなく、様々な小屋組技法のひとつであった。では、なぜ明治期にこの名称が使われたのだろうか。それは、来日したドイツ人建築家や技師、松ヶ崎のようにドイツ留学した日本人であったことが大きいと思われる。滝大吉が『建築学講義録』（1896）において、ドイツ小屋を他の洋小屋技法と区別した頃に、わが国においてドイツ小屋を用いた建築例が相応に存在したということであり、この呼称はそれを裏付けるものである。

　本書では、初代仮議事堂の成立過程ならびに小屋組について明らかにし、一定の成果を得たものと思っている。ただ、「初代国会仮議事堂を復元する」と題しながら、外壁仕上げ、屋根葺き材料、やや不可解な屋根形状など、解明できていない箇所も多く残している。また、議場以外の小屋組ならびに屋根伏せについては触れていない。実際に再建が可能なほどの精緻な復元は、今後の課題としたい。読者の方々からは、是非ともご意見ならびにご叱責をいただければ幸いである。

【図版出典】

第1章

Ⅰ-1　建築学会／明治建築資料に関する委員会編：『明治大正建築写真聚覧』(1936)，日本建築学会図書館所蔵

Ⅰ-2, 4, 5, 7〜11　堀内正昭研究室所蔵

Ⅰ-3　早稲田大学図書館所蔵

Ⅰ-6, 12, 13　衆議院憲政記念館所蔵

第2章

Ⅱ-1〜3　Technische Universität Berlin, Plansammlung

Ⅱ-4, 5　Deutsche Bauzeitung, 1891

Ⅱ-6　昭和女子大学図書館所蔵

Ⅱ-7〜10　堀内正昭研究室所蔵

Ⅱ-11　営繕管財局編集：『帝国議会議事堂建築報告書』(1938)

Ⅱ-12　衆議院憲政記念館所蔵

第3章

Ⅲ-1　営繕管財局編集：『帝国議会議事堂建築報告書』(前掲書)

Ⅲ-2, 6（複写），7（複写）堀内正昭研究室所蔵

Ⅲ-3, 4　衆議院憲政記念館所蔵

Ⅲ-5　滝大吉：『建築学講義録 巻之二』，建築書院，1896

Ⅲ-8, 9　筆者撮影

Ⅲ-10　三橋四郎：『和洋改良大建築学（中）』，大倉書店，1921（第13版，初版1904年）

Ⅲ-11　Krauth, T., Meyer, F.S. (eds.): Die Bau-und Kunstzimmerei, Verlag von E. A. Seemann, Leipzig, 1895（初版は1893，再版1994）

Ⅲ-12, 13　Warth, Otto: Die Konstruktionen in Holz in: Allgemeine Baukonstruktionslehre, Band Ⅱ, J. M. Gebhardt's Verlag, Leipzig, 1900

Ⅲ-14　日本建築学会図書館所蔵

Ⅲ-15　筆者作図

Ⅲ-16, 17　堀内正昭研究室所蔵

第4章

Ⅳ-1　日本建築学会図書館所蔵

Ⅳ-2　昭和女子大学図書館所蔵

Ⅳ－3　堀内正昭研究室所蔵

Ⅳ－4　筆者作図

Ⅳ－5, 6　筆者製作

第5章

Ⅴ－1　日本建築士会編：「日本建築士」（1937年1月，第20巻，第1号）

Ⅴ－2　Opderbecke, Adolf: Der Dachdecker und Bauklempner, Verlag von Bernh. Friedr. Voigt, Leipzig, 1904（再版1997）

Ⅴ－3, 4　Warth, Otto: Die Konstruktionen in Holz（前掲書）

第6章

Ⅵ－1, 6　日本建築学会図書館所蔵

Ⅵ－2, 3　衆議院憲政記念館所蔵

Ⅵ－4　日本建築士会編：「日本建築士」（前掲書）

Ⅵ－5, 9　堀内正昭研究室所蔵

Ⅵ－7　筆者製作

Ⅵ－8　筆者作図

（本学大学院生活機構研究科・環境デザイン学科教授、近代文化研究所所員研究員）